REMODELANDO A GESTÃO PÚBLICA

HÉLIO JANNY TEIXEIRA, administrador de empresas pela Escola de Administração de Empresas de São Paulo da Fundação Getúlio Vargas; economista e doutor em administração pela Faculdade de Economia e Administração da Universidade de São Paulo; Diretor de Planejamento da Fundação Instituto de Administração - FIA/USP; professor do Departamento de Administração da Faculdade de Economia, Administração e Contabilidade da Universidade de São Paulo, onde atua desde 1974; consultor de empresas e pesquisador com mais de 20 anos de atuação em projetos de transformação organizacional em sistemas públicos e privados.

SOLANGE MARIA SANTANA, bacharel em Ciências Sociais pela Faculdade de Filosofia da Universidade Federal da Bahia, com especialização em "Sociologia do Trabalho" e "Sociologia da Comunicação; pós-graduada e doutoranda em Sociologia na Universidade de Lund, Suécia; foi professora do Departamento de Sociologia da Faculdade de Ciências Sociais, da Pontifícia Universidade Católica de São Paulo (PUC-SP); consultora e pesquisadora da FIA-USP em diversos projetos envolvendo gestão de recursos humanos e novos modelos de gestão na área pública.

SÉRGIO MATTOSO SALOMÃO, mestrando em Administração pela Faculdade de Economia e Administração da Universidade de São Paulo; administrador pela FEA/USP; consultor e pesquisador da FIA-USP em projetos de desenvolvimento organizacional e gestão de recursos humanos

ROY MARTELANC, administrador e mestre em Administração pela FEA-USP; engenheiro naval pela Escola Politécnica da USP; professor de Administração Financeira da FEA-USP - Faculdade de Economia, Administração e Contabilidade da Universidade de São Paulo; coordenador de projetos da FIA-USP, com atuações diversas em desenvolvimento de sistemas de avaliação de desempenho e gestão financeira em organizações públicas e privadas

HUGO TSUGUNOBU YOSHIDA YOSHIZAKI, doutorando de Engenharia de Produção pela Escola Politécnica da Universidade de São Paulo; engenheiro naval e mestre pela Escola Politécnica da Universidade de São Paulo; professor do Departamento de Engenharia de Produção da Escola Politécnica da Universidade de São Paulo; pesquisador e consultor da Fundação Instituto de Administração e da Fundação Carlos Alberto Vanzolini atuando em áreas como modelos de planejamento, modelos de avaliação de desempenho, logística e gestão de operações e qualidade.

MARIA ODETH PEREIRA DE ALMEIDA TEIXEIRA, mestre em Administração pela FEA/USP; bacharel em Administração de Empresas pela Faculdade de Economia e Administração da Universidade de São Paulo - FEA-USP; integrante da equipe técnica da FIA-USP, conveniada com a FEA-USP, atuando em projetos de consultoria, treinamento e pesquisa junto aos setores privado e público.

REMODELANDO A GESTÃO PÚBLICA

Coordenadores:

Hélio Janny Teixeira

Solange Maria Santana

Autores:

Hélio Janny Teixeira
Hugo Tsugunobu Yoshida Yoshizaki
Maria Odeth Pereira de Almeida Teixeira
Roy Martelanc
Sérgio Mattoso Salomão
Solange Maria Santana

EDITORA EDGARD BLÜCHER LTDA.

1ª Reimpressão 1995

EDITORA EDGARD BLÜCHER LTDA.
Fax: (011) 852-2707
Caixa Postal 5450
01061-970 – S.Paulo - SP - Brasil

Impresso no Brasil Printed in Brazil

ÍNDICE

APRESENTAÇÃO

I. AS ABORDAGENS SUPERFICIAIS E OS MITOS 01

II. ELEMENTOS PARA UM NOVO MODELO DE GESTÃO PÚBLICA 06

1. INTRODUÇÃO 07

2. A FALÊNCIA DE UM MODELO DE GESTÃO 08

3. DIRETRIZES PARA A ELABORAÇÃO DE UM NOVO MODELO DE GESTÃO PÚBLICA 10

III. PLANEJAMENTO E GESTÃO PÚBLICA 22

1. APRESENTAÇÃO 23

2. O CICLO DE PLANEJAMENTO-CONTROLE-AVALIAÇÃO DE DESEMPENHO 23

3. APLICAÇÃO DO ENFOQUE SISTÊMICO AO PLANEJAMENTO, CONTROLE E AVALIAÇÃO DE DESEMPENHO 26

4. PLANEJAMENTO INTEGRADO 29

5. CONCLUSÕES 34

IV. ANÁLISE DE RELAÇÕES INTERORGANIZACIONAIS 38

1. O DESAFIO DE ADMINISTRAR RELAÇÕES INTERORGANIZACIONAIS 39

2. BASES CONCEITUAIS PARA A ANÁLISE DAS RELAÇÕES INTERORGANIZACIONAIS 41

3. PLANO DE TRABALHO PARA ANÁLISE DE RELAÇÕES INTERORGANIZACIONAIS 48

4. CONSIDERAÇÕES FINAIS 49

V. PLANEJAMENTO NA ADMINISTRAÇÃO ESTADUAL 52

1. INTRODUÇÃO 53

2. EVOLUÇÃO DO PLANEJAMENTO NA ADMINISTRAÇÃO DO ESTADO DE SÃO PAULO 54

3. AS ESTRUTURAS E SISTEMAS INTERORGANIZACIONAIS DE PLANEJAMENTO E CONTROLE VIGENTES 58

4. FATORES QUE DIFICULTAM O EXERCÍCIO DO PLANEJAMENTO NA ADMINISTRAÇÃO ESTADUAL 68

5. ESTRATÉGIAS PARA O FORTALECIMENTO DO CICLO DE PLANEJAMENTO - CONTROLE E AVALIAÇÃO DE DESEMPENHO 77

VI. AVALIAÇÃO DE DESEMPENHO NO SETOR PÚBLICO 84

1. ADMINISTRAR COM BASE EM RESULTADOS 85

2. PROBLEMATIZANDO A AVALIAÇÃO DE DESEMPENHO NA GESTÃO PÚBLICA 86

3. METODOLOGIA PARA O DESENVOLVIMENTO DE SISTEMAS DE AVALIAÇÃO DE DESEMPENHO 87

4. CONSIDERAÇÕES FINAIS 93

VII. INDICADORES DE DESEMPENHO DAS EMPRESAS DE ENERGIA 95

1. O PROJETO 96

2. CONTEXTUALIZANDO A AVALIAÇÃO DE DESEMPENHO DAS ESTATAIS 98

3. AS EMPRESAS DE ENERGIA E SEU AMBIENTE 101

4. MISSÃO E OBJETIVOS DAS EMPRESAS DE ENERGIA DO ESTADO DE SÃO PAULO 102

5. DEFINIÇÃO DOS MÓDULOS E INDICADORES PARA A AVALIAÇÃO DE DESEMPENHO 103

Apêndice: Conceitos e Fórmulas dos Indicadores do Módulo - Atendimento ao Consumidor 109

VIII. INDICADORES PARA A AVALIAÇÃO DAS ESCOLAS DA REDE ESTADUAL 119

1. O PROJETO 120

2. PRESSUPOSTOS DO SISTEMA DE INDICADORES 122

3. FOCOS DE ANÁLISE, MÓDULOS, PARÂMETROS E INDICADORES PARA A AVALIAÇÃO DE DESEMPENHO 128

4. REDE DOS INDICADORES 136

5. NÍVEIS DE MONITORAMENTO DOS INDICADORES 138

Apêndice: Descrição de Alguns Indicadores do Módulo: Rendimento Escolar 144

APRESENTAÇÃO

Os trabalhos apresentados nesta coletânea decorrem da experiência profissional de um grupo de pesquisadores e consultores da Fundação Instituto de Administração - FIA, instituição conveniada à FEA/USP - Faculdade de Economia, Administração e Contabilidade da Universidade de São Paulo, interessados em contribuir para a transformação da administração pública no pais.

Diagnósticos, estratégias de mudança e processos operacionais desenvolvidos por este grupo, através de projetos de pesquisa e consultoria na área pública, são aqui expostos, após uma reelaboração feita por estes autores, no sentido de conferir sistematicidade, generalidade, e adequação de textos originais de pesquisa, consultoria, e alguns artigos publicados em jornais. Neste sentido os autores agradecem o apoio financeiro da FIA que viabilizou, durante seis meses os trabalhos da pesquisadora Solange Maria Santana, na sistematização dos textos, desenvolvida conjuntamente com o Prof. Hélio Janny Teixeira.

Esta metodologia de trabalho reflete a preocupação da FIA de interligar reflexão acadêmica, experiências concretas e divulgação de conhecimentos para toda a sociedade. Amplia-se assim o debate, aprofunda-se o diálogo e potencializa-se dados e vivências do quotidiano.

Trata-se de um conjunto de 8 capítulos, todos relacionados com a transformação do atual modelo de administração pública, tendo como eixo principal o fortalecimento do planejamento, controle e avaliação de desempenho. O texto, **Elementos para um Novo Modelo de Gestão Pública** parte da necessidade de uma visão estratégica na administração pública, propondo o fortalecimento de algumas diretrizes que viabilizem um novo estilo de gestão pública no país. Os dois textos a seguir, **Planejamento e Gestão Pública** e

Análise de Relações Interorganizacionais enfatizam, respectivamente, dois aspectos fundamentais no processo de mudança da atual administração pública brasileira: a necessidade de revalorização do planejamento, como um processo de diálogo sociedade-estado, tecnicamente embasado na aplicação de um enfoque sistêmico; e a importância da análise e domínio das redes de relações interorganizacionais que atuam no macro-ambiente da administração pública. O quinto capítulo, **Planejamento na Administração Estadual** decorre de estudos sobre o conjunto das estruturas e processos envolvidos com atividades de planejamento e controle no âmbito do governo estadual. Vários aspectos tratados nos textos anteriores, podem então ser observados na análise desta situação concreta, que embora específica, contempla registros e ensinamentos comuns à administração em seus vários níveis.

Os três últimos capítulos concentram-se na questão da avaliação de desempenho, uma das diretrizes enfatizadas no texto inicial. Em torno deste tema, o texto **A Avaliação de Desempenho no Setor Público** tem como objetivo principal expor uma metodologia para o desenvolvimento de sistemas de avaliação, já aplicada por esta equipe em diversos projetos de consultoria. Finalmente, os textos **Indicadores de Desempenho para as Empresas de Energia** e **Indicadores para a Avaliação das Escolas da Rede Estadual** apresentam os sistemas desenvolvidos para os referidos setores, de forma que o leitor tenha acesso e possa acompanhar todas as etapas do trabalho realizado: da sistematização de um quadro de referência acerca da missão, objetivos e clientela do setor em questão, às descrições e fórmulas de um conjunto de indicadores.

Hélio Janny Teixeira
Solange Maria Santana

I. AS ABORDAGENS SUPERFICIAIS E OS MITOS

Hélio Janny Teixeira
Sérgio Mattoso Salomão
Solange Maria Santana

A sociedade em geral, e certos setores do governo em particular, tem fortalecido a consciência da "má administração pública" vigente no Brasil. No entanto, o consenso quanto à necessidade de mudanças na gestão deste setor não tem encontrado contrapartida na adoção de processos e meios para as transformações almejadas.

Convivemos com movimentos em torno de chamadas "reformas administrativas" que, quanto maiores, mais realçam a escassez de pesquisas e modelos abrangentes aplicáveis à administração pública no país. O que faz com que não se aprofundem as discussões e as experiências iniciadas? Uma possível resposta está na própria natureza da avaliação de desempenho no setor público. As funções mais importantes na gestão pública envolvem redes complexas e pouco transparentes. O esforço para explicitá-las é dificilmente percebido pela sociedade e grupos encarregados de representá-la. Assim sendo, seja a nível do discurso ou das realizações, os homens públicos vêem-se impelidos a escolher palavras ou ações compreendidas ou mais visíveis.

1. AS ABORDAGENS SUPERFICIAIS E OS MITOS

A dimensão dos problemas que a sociedade brasileira enfrenta no momento exigiria que os responsáveis pelo governo no pais vestissem escafandros e mergulhassem profundamente em busca de soluções. Se assim o fizessem, porém, não seriam mais vistos na superfície, além de terem de enfrentar todos os mistérios e perigos que povoam as águas frias. Tudo os leva, portanto, a velejar na superfície, com velas coloridas içadas e ao sabor dos ventos ...

Muitas questões precisam ser pesquisadas e debatidas para que se evite a necessidade de administradores públicos hastearem suas bandeiras principalmente para preservarem as cabeças.

Um primeiro grande problema a ser enfrentado na direção das transformações desejadas é a ausência de estudos e modelos satisfatórios sobre o aparelho de Estado, o que mantém, e até fortalece numerosos preconceitos acerca de um pretenso "desenvolvimento hipertrofiado e patológico do setor público". Afirmações sem justificativas sólidas, a priori, têm-se transformado em mitos e disseminam idéias, tais como: "a ineficiência é inerente ao setor público"; "a maioria das ingerências do governo em setores de atividade econômica é impertinente"; "empresas estatais não lucrativas são ineficientes"; "somente o governo beneficia-se com sua ineficiência"; "o governo, e só ele, é responsável pela corrupção"; "a ingerência política nas organizações do governo é inadmissível", e tantas outras.

Não advogamos serem sempre falsas todas estas afirmações. Por certo, atenuado seu radicalismo, têm se mostrado verossímeis em certas situações. Permanecem, contudo, envolvidas em espessa névoa que só será dissipada com a realização de estudos mais sistemáticos sobre o funcionamento das organizações públicas e processos em geral que envolvem a administração governamental.

Várias opiniões, em particular, externadas sobre privatização e controle de estatais têm pecado pela falta de abrangência e, principalmente, pela superficialidade das análises; inimigas das soluções profundas crescem rapidamente, tornam-se fortes, passam a ser encaradas como normais e diminuem ainda mais a transparência dos problemas reais.

É preciso abrir mão dos dogmas da polaridade estatização/privatização. Eles dificultam a análise fria e a construção de bases sólidas para a discussão. Vejamos com mais calma quatro destas afirmações cabais proferidas usualmente sem o cuidado devido. As três primeiras são bandeiras comumente levantadas pelos "cruzadistas da privatização". A última, pelos "estatizantes incondicionais".

Mito nº 1 - "O setor público é ineficiente, e o privado, eficiente".

Há uma tendência de comparar-se as melhores empresas privadas com o setor público tomado em termos agregados e representado em geral pelos piores exemplos que predominam na mídia.

A eficiência, que, de modo geral, pode ser entendida como a relação entre insumos consumidos e produto resultante, não está intrinsecamente ligada a um dos dois lados. Além do mais, é uma medida física e dificilmente será obtida com precisão apenas através de indicadores financeiros. A utilização destes últimos como se fossem mensuradores fidedignos de eficiência é que tem dificultado o discernimento na análise.

Mito nº 2 - "O lucro é uma boa medida de eficiência".

O lucro (operacional) é, grosso modo, a diferença entre o valor das vendas de produtos e os custos totais da empresa para produzi-los. O lucro pode ser elevado, portanto, pelo aumento da diferença entre vendas e custos. Vejamos: vendas e custos são valores monetários. Conseqüentemente, o lucro não se presta à mensuração da eficiência. Ele pode crescer, por exemplo, em função de aumentos de preços, o que não implica aumento de produção por unidade de insumo consumida. Logo, estatais como as componentes dos sistemas Telebrás e Eletrobrás, monopolistas como a grande maioria das empresas públicas, podem produzir lucro antes que uma abelha tenha tempo de bater suas asas duas vezes. E sem pensar em eficiência.

Mito nº 3 - "Somente o governo se beneficia com a ineficiência da estatal".

O que ocorre quando uma estatal ineficiente promove licitações públicas para obtenção de fornecedores no setor privado? Entendendo-se agora ineficiência, em seu sentido mais amplo, como incapacidade de controle, análise e falta de informações, a própria improdutividade da empresa privada vencedora da concorrência é encoberta pela eventual incapacidade da estatal em captar irregularidades na licitação ou ineficiências da recém-contratada. Neste momento, o próprio setor privado, que não vacila nas críticas à ineficiência do setor público, é que se beneficia dela.

Mito nº 4 - "O abuso do poder econômico é típico do capitalismo privado".

O abuso do poder econômico é também corriqueiro no setor público. Por razões diversas, cuja enumeração é dispensável, várias estatais que se encontram na posição de principais ou únicas empresas em seus mercados, seja comprando, seja vendendo, forçam variações nos preços através de seu enorme poder de barganha.

Outra dificuldade a ser enfrentada face aos processos de reformas administrativas é a tendência à redução da questão ao âmbito da dimensão organizacional em si. Sabemos que as organizações atuam em redes de relações interorganizacionais, num macro-ambiente complexo em que fatores de natureza propriamente organizacional mas também fatores de natureza macro-econômica, social e política interagem simultaneamente.

De fato, as mudanças pretendidas não serão atingidas facilmente. Elas carecem de muito mais, além do esforço reformador de setores do governo. É preciso que a sociedade assuma a problemática da gestão pública como uma questão nacional, e que o próprio governo conscientize-se de que problemas complexos exigem soluções na mesma dimensão.

CAPÍTULO II

ELEMENTOS PARA UM NOVO MODELO DE GESTÃO PÚBLICA

Hélio Janny Teixeira
Solange Maria Santana

1. INTRODUÇÃO 07

2. A FALÊNCIA DE UM MODELO DE GESTÃO 08

3. DIRETRIZES PARA A ELABORAÇÃO DE UM NOVO MODELO DE GESTÃO PÚBLICA 10

Texto elaborado a partir do relatório final do projeto realizado no âmbito da Secretaria da Administração e Modernização do Estado de São Paulo, denominado "Modelo de Gestão Pública para a Administração Direta e Indireta do Estado de São Paulo: Diagnóstico e Proposições - FIA, 1990., desenvolvido pelos Consultores Hélio Janny Teixeira, Solange Maria Santana, Hugo Tsugunobu Yoshizaki e Maria Odeth Pereira de Almeida Janny Teixeira.

1. INTRODUÇÃO

A Administração Pública tem como característica específica uma relação de responsabilidade direta com o processo histórico global que se dá no desenvolvimento da sociedade; daí a necessidade de continuamente redefinir a sua missão em face dos novos imperativos, sob pena de comprometer a sua capacidade sinérgica.

Neste momento, em que a sociedade brasileira necessita fortalecer os seus mecanismos societários, o modelo de gestão pública vigente no país demonstra toda a sua fragilidade.

Introduzir mudanças na administração pública, propor novas diretrizes e mecanismos de gestão, representa sempre ir de encontro a interesses estabelecidos, ultrapassados pelas novas exigências da sociedade e adequar-se a novos anseios e procedimentos, interferindo na cultura organizacional do aparelho administrativo do Estado.

As análises e proposições apresentadas neste capítulo, como contribuições para a construção de um novo modelo de gestão pública, estão fundamentadas na necessidade de apropriação de uma visão estratégica na administração pública.

O Estado, como instância societal, articula necessidades diferentes de indivíduos, grupos, classes sociais e outros segmentos da sociedade; estas necessidades, em interação, têm um efeito multiplicador, de dimensão macro, que confere ao Estado um potencial transformador, de caráter uno, em relação à sociedade global.

Dotada desta capacidade sinérgica, a gestão pública tem um caráter específico, determinado pelo poder que o Estado pode desenvolver a cada conjuntura, de agir sobre aspectos cruciais, no sentido de conformar o processo de mudança. A função pública tem, por isso, uma responsabilidade direta com o processo histórico que se dá em cada sociedade, num momento determinado. É a apropriação desta visão estratégica que orienta o Estado, a cada conjuntura, no esforço por manter a sinergia no exercício da gestão pública.

2. A FALÊNCIA DE UM MODELO DE GESTÃO

A partir dos anos 30, a administração pública no Brasil, associada a um modelo de industrialização fortemente induzida pelo aparelho de Estado, centrou-se nas questões da integração nacional, estendendo a todo o território redes de comunicação, transportes e outros elementos de infra-estrutura básica, instituições e mecanismos de administração voltados para o fortalecimento do mercado interno e a constituição de um forte aparelho central de governo. Com base nele, desencadeou-se o processo de substituição de importações no qual o Estado brasileiro foi-se tornando o principal investidor na economia, assumindo, progressivamente, o papel de um Estado produtor.

Ao fim do chamado período de substituição de importações, e com o início da internacionalização da produção do país, nos anos 50-60, foi-se dando uma modernização de certos setores da administração governamental, particularmente daqueles ligados às agências estatais de desenvolvimento, bancos oficiais, etc., que passavam a coexistir com a administração tradicional - não envolvida pelas funções do Estado produtor. Estabeleceram-se, assim, grandes disparidades organizacionais, de formas de estruturação e atuação entre organismos do próprio aparelho de estado, constituindo-se diferenciações regionais, setoriais, etc., em termos de estilo de atuação, objetivos, nível de modernização organizacional, salários, etc.

Nos anos 70, marcados pelo fortalecimento da estrutura estatal autoritária que se instalara a partir de 1964, registrou-se um novo avanço do papel do Estado como principal investidor na economia, expandindo-se e diversificando-se enormemente a máquina estatal, ao mesmo tempo que crescia a fragmentação dentro da própria administração governamental.

O modelo de centralização política, então vigente, se expressou também num crescente fortalecimento da alçada federal da administração, em detrimento daquelas dos Estados e Municípios. O Decreto nº 200, de 1967, que instituiu uma reforma administrativa, institucionalizou uma maior autonomia para os órgãos da administração indireta. Nos propósitos daquela reforma, os órgãos da administração direta deveriam se limitar às funções normativas e de supervisão. Na prática, a inexistência de uma articulação mais sistemática e adequada entre a administração direta e indireta, aliada ao crescente esvaziamento técnico dos órgãos da administração direta, aos desníveis salariais, etc terminaram por comprometer e tornar mesmo impossível ao Estado cumprir efetivamente sua função de coordenação central e regulamentação equilibrada.

Mas, se nos anos 70, a euforia de uma fase de crescimento - fortemente apoiada nos então fáceis empréstimos externos - ofuscava os limites do frágil modelo de gestão pública vigente, a crise econômica em que o país mergulhou, nos anos 80, viria a minar as estreitas bases de tal modelo.

Outros ventos sopraram durante a década de oitenta, trazendo uma abertura política, e com ela, novas forças sociais. A falência do modelo de administração pública que ora assistimos resulta fundamentalmente da impulsão de novas forças no espaço político de nossa sociedade.

3. DIRETRIZES PARA A ELABORAÇÃO DE UM NOVO MODELO DE GESTÃO PÚBLICA

As reformas administrativas na área pública são processos de natureza ao mesmo tempo político-administrativa e técnico-organizacional . Representam mudanças sociais que, dentro das regras democráticas, implicam necessariamente na confrontação de diferentes perspectivas de mudança, no jogo de interesses e na busca do consenso possível, quanto aos procedimentos desejáveis e legítimos na gestão pública.

Interagindo em redes de valores e procedimentos distintos, muitas vezes conflitantes, novos modelos e práticas dentro da administração pública devem resultar de um entendimento básico: quais as diretrizes que devem predominar na gestão pública, numa dada conjuntura. Assim, o Decreto-Lei 200, que institucionalizou a reforma administrativa de 1967, apoiou-se nos seguintes princípios fundamentais: Planejamento, Coordenação, Descentralização, Delegação de Competência e Controle.

Os elementos conceituais e operacionais apresentados a seguir expõem um conjunto de diretrizes de natureza político-administrativa e técnico-organizacional consideradas adequadas aos desafios que se colocam hoje, no Brasil, frente à administração pública. Eles são aqui propostos como eixos básicos para o desenvolvimento de um novo modelo de gestão pública, dentro da atual conjuntura: Legitimação da Decisão Político Administrativa; Planejamento; Descentralização - Integração; Dignificação da Função Pública; Avaliação de Desempenho

Legitimação da Decisão Político-Administrativa

A Administração Pública e suas entidades, em certo sentido, "pertencem" aos cidadãos. No entanto, não há, entre nós, em geral, canais adequados para que os cidadãos façam ouvir suas reivindicações, nem há meios efetivos de informação sobre o que se passa dentro da administração pública. Daí agravar-se a larga margem de insatisfação popular para com os serviços prestados pelo Estado e a desconfiança do público em geral sobre a forma como são geridos os recursos, pagos direta ou indiretamente pela população.

A questão da decisão política, e, conseqüentemente, a legitimidade da ação pública torna-se tanto mais complexa quanto mais se avança no processo de urbanização e democratização nas sociedades modernas. Já não bastam os mecanismos de legitimidade legislativa e eleitoral das decisões políticas, pois a dinâmica das decisões políticas referentes a cada conjunto de questões exige um contínuo processo de interação com as forças sociais existentes. Daí a necessidade de mecanismos adequados de intermediação e validação das decisões públicas através de organismos representativos, sejam da esfera institucional, sejam das comunidades que se constituem no país.

O processo de legitimação das decisões assume, assim, importância fundamental nesta conjuntura em que o aparelho de Estado procura se adequar a mecanismos democráticos de administração. A legitimação se faz através da participação, da consulta e do voto. A participação é assegurada através de mecanismos de informação, convocação e adoção de sistemas do tipo assembléias de decisão, junto a entidades representativas da população (grupos, entidades de bairro, associações de classe etc.). A consulta é dirigida a comissões e grupos de trabalho, constituídos para a elaboração de estudos e pareceres sobre métodos, processos e projetos. Pode-se também recorrer a indivíduos, entidades ou esferas de poder capazes de contribuir efetivamente, através de opiniões formais e informais, para a melhoria dos sistemas em uso ou em criação.

O voto assegura-se pelas disposições constitucionais e o sistema de representação, utilizando-se igualmente este princípio básico da democracia em todos os escalões, organismos etc., da esfera pública. Se o processo de tomada da decisão não chegou ao consenso, então faz-se necessário tomar a decisão por maioria, pelo mecanismo do voto.

A implementação desta diretriz depende de orientações no sentido de:

- Tornar mais claros e sistemáticos os mecanismos de tomada de decisões,

- Abrir espaços na estrutura da administração para a participação de setores representativos de segmentos da sociedade com interesses nas questões envolvidas, estendendo-lhes o poder de participação nas decisões,

- Fortalecer a integração do sistema governamental e administrativo pelo mecanismo de interdependência dos três poderes, revendo para tal os fluxos de comunicação e informação entre os mesmos, e

- Garantir transparência em relação às decisões tomadas e aos seus encaminhamentos, facilitando a sua divulgação através da institucionalização de mecanismos de circulação e acesso às informações por parte do público interessado.

Planejamento

A descontinuidade na função de planejamento e a inexistência de um planejamento global e abrangente são mesmo as marcas típicas da administração pública brasileira. São comuns as quebras no ciclo de planejamento e na implantação de processos e projetos. Os planos são alterados a cada mudança de governo devido à alta instabilidade das equipes técnicas. Não há coerência entre desafios e metas de uma administração e daquela que a segue, redundando em desgaste, perda da iniciativa, rupturas no processo decisorial e quebra de investimentos. Desta maneira, torna-se difícil, e mesmo sem sentido, a implantação de sistemas de controle, que deveriam avaliar a coerência entre o planejado e o executado.

O atendimento pleno à demanda existente por serviços públicos é desafio apenas no plano ideal. A função pública é exercida atualmente no país em condições de uma escassez crítica de recursos - que contrasta com a conjuntura prévia de maiores recursos, dada a disponibilidade de empréstimos externos na década de 70. Esta atual escassez está também aliada às exigências de uma crescente demanda social por bens e serviços. O acelerado processo de urbanização das últimas décadas, trazendo como conseqüência a constituição de enormes áreas metropolitanas carentes, esgotou os limites de uma oferta de serviços públicos caracteristicamente estreita, contraposta a uma elevada demanda que, se permaneceu latente durante um certo período, torna-se agora, nas condições da abertura democrática, uma demanda real. Nestas circunstâncias o que é necessário, e possível, é um melhor atendimento à demanda, tanto pela expansão como pela integração, dos serviços propiciando maior eficiência na utilização dos recursos existentes. Isto não é possível com a fragilidade da função de planejamento no país, observando-se mesmo uma queda no nível de utilização dos seus princípios e técnicas. Faz-se necessário recuperar a confiança e o empenho quanto ao planejamento, para que se adote, na prática, uma nova metodologia centrada na gestão de ações planejadas. Paralelamente, há a necessidade irrecusável de se expandir a discussão sobre os planos orientadores da ação governamental ao público interessado, isto é, toda a sociedade. Os planos devem estar suportados na exeqüibilidade técnica e na transparência dos critérios de escolha de alternativas.

A partir de tais perspectivas devem ser estabelecidos:

- sistemas integrados de planejamento estratégico, tático e operacional que dêem aos planos características de linguagem permanente e evolutiva,

- a sistemática de planos integrados de curto, médio e longo prazo,

- utilização de sistemas de informação gerencial para análise estratégica, visando a sua gradual implementação, em substituição aos métodos atuais, que desprezam a informação estratégica e qualitativa para decisão, e

- encaminhamento da política de formação de Comissões entre os diferentes poderes a determinados níveis, com vista à elaboração dos planos e políticas específicas, para assegurar a transparência e a continuidade da gestão pública, sob diferentes administrações eleitas.

Descentralização e Integração

O Estado brasileiro tem tido um amplo papel no delineamento e implementação dos modelos de desenvolvimento, e neste sentido diversificou consideravelmente suas funções, multiplicou agências, alargando consideravelmente seu âmbito de ação. Neste processo de multiplicação e diversificação das funções estatais, deu-se uma quebra na função reguladora do Estado e em sua capacidade de formulação de políticas públicas.

A inexistência de um modelo sistêmico de articulação entre as diversas instâncias do aparelho administrativo governamental, capaz de garantir a função reguladora do Estado e, ao mesmo tempo, respeitar os limites necessários à gestão local equilibrada, termina por facilitar, na prática, a multiplicidade de controles existentes. Tais controles, exercidos ou tentados - por Ministérios, Secretarias e agências governamentais diversas caracterizam-se, freqüentemente, por políticas divergentes ou mesmo conflitantes. Daí a necessidade de que se estabeleçam limites reguladores - porém não excessivamente cerceantes - dos níveis responsáveis pela gestão particular de recursos e atividades.

Como um corolário da falta de regulamentações claras e coerentes, e apoiada na pesada herança de centralização que caracteriza a sociedade brasileira, a estrutura da administração pública vigente cristalizou um princípio de autoridade altamente centralizada.

A forte concentração do poder decisório nas mãos das chefias superiores acarreta sobrecarga de trabalho para as mesmas. Desta forma, absorve-se o tempo da alta administração desviando-a de questões vitais, como o planejamento e avaliação das ações. Por outro lado, cerceia-se a capacidade de iniciativa dos funcionários de um modo geral, acarretando com isto uma perda considerável de recursos humanos.

A centralização da autoridade gerou um modelo de gestão em que as inter-relações horizontais entre unidades, os mecanismos de coordenação, os fluxos de comunicação e controle horizontais são inibidos; inexistem ou não operam convergentemente, dentro dos princípios da racionalidade.

Em face da pouca liberdade dos escalões inferiores para tomar decisões, o processo decisorial tende a seguir um fluxo marcadamente vertical com baixa utilização de comunicações horizontais e diagonais, que poderiam dar maior rapidez e transparências às decisões.

A descentralização impõe-se como uma estratégia de primeira importância para reverter esta tendência altamente centralizadora do modelo de gestão vigente. Porém, não basta apenas descentralizar;

concomitantemente faz-se necessária uma nova integração, como uma estratégia para garantir a articulação vertical e horizontal entre os diversos níveis e fluxos dentro da administração pública.

A aplicação do binômio Descentralização - Integração deve implicar, entre outros aspectos em:

- fortalecimento da delegação da competência executiva aos diversos níveis da administração, transferindo-a, quando devido, para os Estados, Municípios, instâncias setoriais, instituições da administração indireta etc,

- incentivo à descentralização dos mecanismos decisórios, estabelecendo circuitos decisoriais mais amplos e dando respaldo às deliberações alcançadas,

- descentralização das estruturas fiscalizadoras fazendo com que as atividades de fiscalização e controle permeiem organicamente a rede administrativa, tornando a função fiscalizadora mais próxima da fonte de execução da atividade correspondente e portanto da população,

- Conseqüente apoio aos órgãos com poderes descentralizados, como as Câmaras Legislativas, grupos executivos de projetos locais, entidades populares distritais e de bairros etc., para que exerçam atividades administrativas e fiscalizadoras de processos e projetos,

- Elevar a transparência em nível de planos e organismos, de forma coerente com a descentralização pretendida e,

- Institucionalizar valores e objetivos comuns através de programas e instâncias coordenadoras entre os diversos níveis e áreas da administração - atentando-se sempre para a sua integração horizontal e vertical garantindo que a função reguladora do

Estado seja exercida. Para tal, os circuitos interorganizacionais devem ser revistos.

Dignificação da Função Pública

O desgaste a que chegou a função pública exige que qualquer esforço atual de mudança na gestão pública esteja apoiado num princípio claro de dignificação da mesma.

Nas áreas de atuação do Governo, a responsabilidade individual por decisões, corretas ou errôneas, deve ser precisa, fator de importância para a garantia coletiva de que os serviços prestados e o poder exercido em nome da sociedade estão devidamente controlados.

Hoje, a indefinição institucional do papel, direitos e deveres dos órgãos e escalões intervenientes, associada à complexidade de tarefas que exigem a participação conjunta de inúmeros agentes executores, planejadores, financiadores e controladores acaba por elevar a dificuldade de responsabilização pública, perante a sociedade, por atos e decisões tomadas.

A responsabilidade na esfera do poder público não pode ser compreendida como um problema puramente formal de enquadramento estatutário e definição por escrito das obrigações e punições. Dotada do poder de sinergia estratégica, cabe à esfera pública a percepção da conjuntura e o encaminhamento de ações no sentido da mudança. Para isso faz-se necessário:

- Garantir o uso adequado dos recursos disponíveis, com economicidade e dentro do preceito do serviço à população.

- Fortalecer a imagem e a função do servidor público como um propulsor dos sentimentos de altruísmo e respeito aos concidadãos.

- Garantir a melhoria constante da eficiência do serviço público, no atendimento e na qualidade do serviço prestado.

- Voltar a administração de pessoal para a execução de uma política de recursos humanos centrada na eficiência e efetividade do serviço público.

- Estabelecer mecanismos que conduzam à elevação do grau de comprometimento dos servidores em geral com a melhoria e a racionalização do serviço público.

- Elaborar um sistema de cargos, funções e promoções onde haja simplicidade e abertura para influência da produtividade, do mérito, do treinamento e do desempenho.

- Garantir mecanismos destinados a punir os desvios e recompensar a iniciativa responsável.

Avaliação de Desempenho

Salvo exceções localizadas, não há na administração pública brasileira, um sistema de avaliação que privilegie, de fato, o desempenho das distintas unidades e setores. Em diversos níveis, constata-se um tipo de controle circunscrito ao monitoramento restrito dos meios, sejam humanos, materiais ou financeiros. Daí a necessidade de se atribuir importância particular à avaliação de desempenho, na conjuntura atual.

A avaliação de desempenho deveria ser priorizada num novo modelo de gestão pública através de iniciativas como:

- Redirecionar o sistema de avaliação dentro da administração governamental para uma ação centrada no eixo da avaliação do desempenho do serviço prestado - qualitativa e quantitativamente - pelos diversos setores e unidades.

- Elaborar e divulgar sistemas de indicadores de desempenho do serviço público.

- Garantir uma ampla divulgação e acompanhamento dos indicadores e seus valores.

- Orientar as políticas de recursos humanos pelos parâmetros da avaliação de desempenho.

BIBLIOGRAFIA

BENTO, Alberto Machado - Societal Decision Making: An Empirical Study in California Cities, Rio de Janeiro, 1981, COPPEAD/URSS, 105 p., relatório técnico

BORINS, Sandford F. - Estímulo y Estudio del Progreso de la Dirección Pública: el Premio a la Dirección Innovadora del Instituto de Administración Pública de Canadá, RICA, 1991

CADERNOS FUNDAP - São Paulo, ano 2, nº 4, julho/1982 - Ano 5, nº 9, maio/1985 - ano 7, nº 13, abril/1987

FGV - Ambiguidades na (e da) Administração Pública, Revista de Administração de Empresas, v.32, 1992

MENDONÇA, Luís Carvalheira de - A Participação do Cidadão nas Decisões da Administração Pública, Rio de Janeiro, FGV, 1984, 14 p. (Cadernos EBPP, 30)

MERCER, James L. & KOESTER, Edwin H. - Public Management Systems, New York, Amacon, 1978, 309 p.

MORRISEY, George L. - Management by Objectives and Results in the Public Sector, Massachussets, 1976, 278 p.

MOTTA, Paulo Roberto - Administração para o Desenvolvimento. Revista de Administração Pública, Rio de Janeiro, 1972, v. 6, nº 3, pp. 39-52, jul/set

OCDE - Strategies for Change and Reform in Public Management

OSZLAK, Oscar - Políticas Públicas e Regimes Políticos; Reflexões a Partir de Algumas Experiências Latino-americanas. Revista de

Administração Pública, Rio de Janeiro, 1982 v. 6, nº 1, pp 17-60

REHFUSS, John - Public Administration as Political Process, New York, 1973, 247 p.

SEMINÁRIO NACIONAL SOBRE REORGANIZAÇÃO DA ADMINISTRAÇÃO PÚBLICA FEDERAL: ADMINISTRAÇÃO DO DESENVOLVIMENTO E REORDENAMENTO DOS SISTEMAS ADMINISTRATIVOS, Fundação Centro de Formação do Serviço Público - FUNCEP, Brasília, 1989

SHARKANSKY, Ira - Administração Pública: A Formulação de Políticas nos Órgãos Governamentais, Rio de Janeiro, FGV, 1974

SIEGEL, Gilbert B. - The Strategy of Public Administration Reform: The Case of Brazil, Public Administration Review, 1966

SIMPÓSIO SOBRE FUNCIÓN PÚBLICA Y REFORMA ADMINISTRATIVA, Revista Internacional de Ciencias Administrativas, Madrid, 1991

SYMPOSIUM "MANAGING CHANGE IN PUBLIC ADMINISTRATION" - Strategics for Change and Reform in Public Management, Madrid, 1979

CAPÍTULO III

PLANEJAMENTO E GESTÃO PÚBLICA

Hélio Janny Teixeira
Hugo Tsugunobu Yoshida Yoshizaki
Solange Maria Santana

1. APRESENTAÇÃO 23

2. O CICLO DE PLANEJAMENTO-CONTROLE-AVALIAÇÃO DE DESEMPENHO 23

3. APLICAÇÃO DO ENFOQUE SISTÊMICO AO PLANEJAMENTO, CONTROLE E AVALIAÇÃO DE DESEMPENHO 26

4. PLANEJAMENTO INTEGRADO 29

5. CONCLUSÕES 34

Texto elaborado a partir do relatório final do projeto realizado no âmbito da Secretaria da Administração e Modernização do Estado de São Paulo, denominado "Modelo de Gestão Pública para a Administração Direta e Indireta do Estado de São Paulo: Diagnóstico e Proposições - FIA, 1990., desenvolvido pelos Consultores Hélio Janny Teixeira, Solange Maria Santana, Hugo Tsugunobu Yoshizaki e Maria Odeth Pereira de Almeida Janny Teixeira.

1. APRESENTAÇÃO

A idéia do Planejamento associada à Avaliação de Desempenho nos orientou na estruturação dos textos a seguir. Iniciamos com o presente capítulo que apresenta uma sistematização de princípios e procedimentos de planejamento, voltados especificamente para a problemática da administração pública. Nó próximo capítulo, introduzimos uma discussão sobre as relações interorganizacionais dada a importância desta questão em qualquer esforço de planejamento e de integração de funções. O capítulo V, também centrado na idéia do planejamento, tem um caráter mais operacional; nele se apresenta os resultados de uma análise sobre as entidades e procedimentos envolvidos com o planejamento e controle gerais no âmbito da administração estadual paulista. A partir do capítulo VI nos ocupamos especificamente com a Avaliação de Desempenho.

2. O CICLO DE PLANEJAMENTO - CONTROLE - AVALIAÇÃO DE DESEMPENHO

Em oposição à descrença corrente quanto à eficácia de mecanismos de planejamento aplicados a este setor, defende-se uma utilização mais intensa do planejamento na administração pública no país; procura-se fortalecer a idéia do planejamento como um processo contínuo, tecnicamente fundado, e orientado por políticas públicas que expressem o nível máximo, possível, de consenso em torno de objetivos e metas que fortaleçam o potencial sinérgico do Estado brasileiro.

Planejamento-execução-controle e avaliação de desempenho, apoiados pela informação, condicionam-se mutuamente em ciclos interdependentes e consecutivos, conforme o Quadro 1 a seguir:

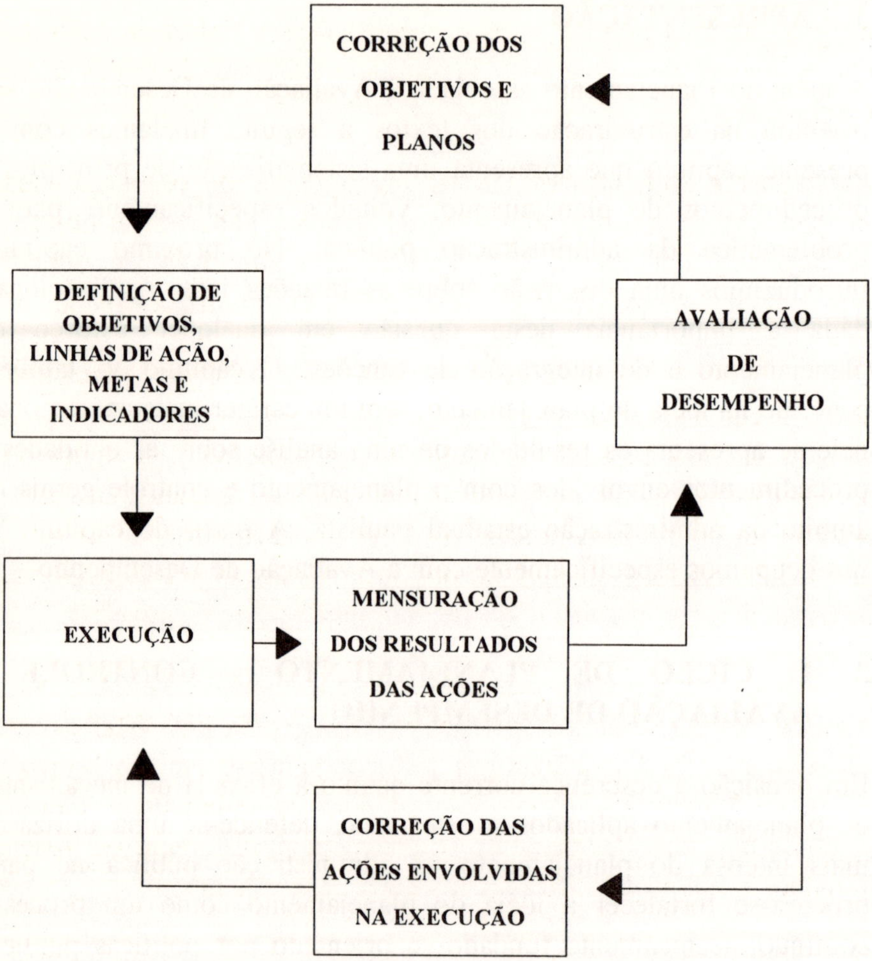

QUADRO 1: O CICLO DE PLANEJAMENTO-EXECUÇÃO-CONTROLE AVALIAÇÃO DE DESEMPENHO

Os objetivos implicam na escolha das linhas de ação a serem desenvolvidas no período programado. É um processo complexo, em especial na área pública, pois a escolha dessas linhas de ação deve corresponder, por princípio, às políticas públicas definidas a cada conjuntura.

As Metas e Indicadores são os instrumentos de orientação mais imediatos na concretização das linhas de ação; traduzem os objetivos de governo em metas quantitativas e qualitativas de serviço, utilização dos meios, avanços tecnológicos e organizacionais etc.

Os meios são comumente escassos, em maior ou menor grau, assim como a capacidade de avanços tecnológicos e organizacionais, em relação às necessidades e demandas da sociedade. A função de planejamento assume então uma importância fundamental para a racionalização de uma gestão; o ato de planejar torna-se, assim, o próprio exercício de adequação dos recursos aos objetivos de gestão, mediada pelos princípios que orientam uma equipe de governo.

O propósito principal do planejamento para o Estado é estabelecer, à base de políticas públicas pré-definidas, a forma pela qual deve-se adequar a oferta à demanda por serviços públicos em um horizonte de tempo determinado, estabelecendo-se os objetivos e metas a serem cumpridos, e para tal, dimensionando-se recursos físicos, humanos e financeiros para a consecução dos mesmos.

O estabelecimento de metas quantitativas e prazos para cumpri-las permite a realização de um controle, que têm por objetivo confrontar o estado planejado do sistema em uma data qualquer com o estado real do sistema nessa data, e tomar ações corretivas (se possível e necessário) caso o executado não esteja de acordo com o planejado, após analisar as causas da discrepância.

Desta forma, o planejamento e o controle constituem um ciclo interativo, conforme descreve o Quadro 1. Pode-se dizer, assim, que o planejamento e o controle são duas faces da mesma moeda, pois um é necessário ao outro: um planejamento sem um controle pode gerar um resultado qualquer, sem atender às metas estabelecidas; um controle sem planejamento é inócuo, pois não existe nenhuma direção a ser seguida, pouco importando para onde deriva o sistema.

A crescente complexidade da sociedade brasileira e a diversidade de funções exercidas pelo Estado dentro dela exigem o uso de uma metodologia adequada no tratamento do planejamento e do controle e avaliação de desempenho das atividades realizadas pela Administração Pública. Tal metodologia deve basear-se necessariamente num enfoque sistêmico.

3. APLICAÇÃO DO ENFOQUE SISTÊMICO AO PLANEJAMENTO, CONTROLE E AVALIAÇÃO DE DESEMPENHO

Nas últimas décadas, a sociedade brasileira tornou-se mais complexa, com maior grau de interdependência entre seus diversos segmentos e um nível maior de exigência quanto aos serviços públicos; a integração da economia aumentou a possibilidade de interferências entre os planos dos diferentes setores, quer esses planos levem tais influências em conta ou não.

Emprestando os termos da teoria de sistemas, pode-se dizer que o ótimo do todo não corresponde necessariamente ao ótimo das partes, isto é, elementos de um mesmo sistema podem ter requisitos conflitantes que, se otimizados isoladamente, podem levar à redução do desempenho global do sistema.

O uso da metodologia sistêmica torna-se conveniente visto que:

- o Estado inter-relaciona-se com a sociedade global, influindo e sendo influenciado, configurando um sistema aberto que interage com o seu ambiente;

- desta forma, é extremamente importante a integração entre as diversas funções exercidas pelo Estado, de forma que estas partes se articulem, em várias instâncias, para a consecução de objetivos globais;

- estes objetivos globais surgem da interação do Estado com a sociedade através de um processo complexo, que deve ser traduzido para os diversos agentes da Administração Pública.

Assim, emerge a necessidade de se extrapolar o padrão e as estruturas de planejamento, controle e avaliação de desempenho por função específica, fazendo-se caminhar para a integração das mesmas. A dúvida que surge então é: a que nível (onde) e como deve se processar esta integração?

Não existe uma resposta definitiva para esta questão. Há, no entanto, alguns conceitos que podem auxiliar esta discussão, tais como:

- hierarquização devido à complexidade;

- integração de diferentes objetivos.

A idéia de hierarquização é antiga e está associada à problemática de se lidar com sistemas muito complexos, tanto em termos de porte (quantidade de funções, dispersão geográfica etc.) como em termos de quantidade de inter-relações entre subsistemas. Deve-se, assim, definir níveis de agregação para as diversas funções, levando-se em conta o grau em que se processam as interações. Essas interações ocorrem em diversas dimensões simultaneamente, dentre elas:

- **Tempo**: quando certa alteração em um dado subsistema acarreta um impacto em outro subsistema? Quanto menor for esse espaço de tempo de atuação mais baixo na hierarquia devem ser agregados estes dois subsistemas; quanto maior, mais alto na hierarquia ocorre esta agregação.

- **Espaço**: quanto mais contíguo um dado subsistema estiver de outro, menor deverá ser o nível hierárquico onde se dará a integração.

- **Coordenação**: conforme o tipo de inter-relação entre os subsistemas, tem-se a agregação ocorrendo a níveis diferentes. Caso haja um desenvolvimento em paralelo, ou seja, cada subsistema funcionando em paralelo aos demais (independentemente), não existe forma de um subsistema interferir no outro, e assim sua agregação pode ser feita apenas no nível mais alto da hierarquia, pois o desempenho insatisfatório de um subsistema afetaria apenas o desempenho global. Caso a inter-relação ocorra em série, ou seja, um subsistema funciona alimentando o seguinte, sua agregação vai depender de mais fatores, como dinâmica, grau de proximidade geográfica, nível de incerteza etc. Para subsistemas com inter-relação recíproca, isto é, um subsistema alimenta outro e vice-versa, existindo uma relação circular de causa e efeito, sua agregação pode ser feita no nível hierárquico imediatamente superior.

- **Informação**: subsistemas que compartilham da mesma base de informações para seu funcionamento devem estar agregados no mesmo nível hierárquico.

A questão da hierarquização nos remete, portanto, às inter-relações internas ao sistema. A integração de múltiplos objetivos, entretanto, diz respeito a inter-relações externas (demandas da sociedade) e internas (objetivos setoriais dentro da Administração Pública).

No caso do Estado - em regimes democráticos - o Poder Executivo é exercido por um Governo eleito pela sociedade. Desta forma, pode-se dizer que um dado Governo expressa um tipo de consenso social, estando apoiado em uma série de segmentos sociais que podem ter interesses variados e mesmo conflitantes. Assim, cabe ao Governo integrar, na medida do possível, interesses de grupos específicos com os interesses próprios de toda sociedade em um todo coerente, montando objetivos para o planejamento do Estado. Posteriormente, esses objetivos devem ser traduzidos em metas que, devidamente desagregadas, comporão o Plano de Governo.

Naturalmente, uma vez que não existe uma disponibilidade infinita de recursos, deverá existir uma priorização de metas estabelecidas por critérios definidos pela sociedade.

Em termos do planejamento e controle do Estado, a mesma visão hierárquica exposta anteriormente vale para a definição de metas e objetivos do Governo: deve existir uma clara hierarquia de planos e objetivos, traduzidos conforme seu nível, para cada subsistema do Estado. Assim, decisões a nível mais agregado (e, portanto, de nível hierárquico maior) devem ser desagregadas de forma coerente para os níveis inferiores. Sem esta visão do "todo para as partes", e não o inverso, fica falho o uso da abordagem sistêmica.

4. PLANEJAMENTO INTEGRADO

Uma questão básica para o planejamento público é justamente como estruturar um modelo da dinâmica (funcionamento) de cada sub-sistema e, o que é ainda mais difícil, estabelecer as inter-relações existentes entre cada um deles, de modo a se obter, com alguma precisão, qual o impacto das ações do administrador do sistema e/ou da ação de uma das partes (órgão ou entidade) no sistema como um todo.

Tomando-se como hipótese o Estado de São Paulo, seria necessário uma estrutura de planejamento integrado, que abrangesse, por exemplo, o Planejamento Integrado Global, o Planejamento Integrado Metropolitano (para Grande São Paulo), o Planejamento Integrado Urbano (grandes centros regionais) e o Planejamento Integrado do Interior, conforme o Quadro 2 abaixo:

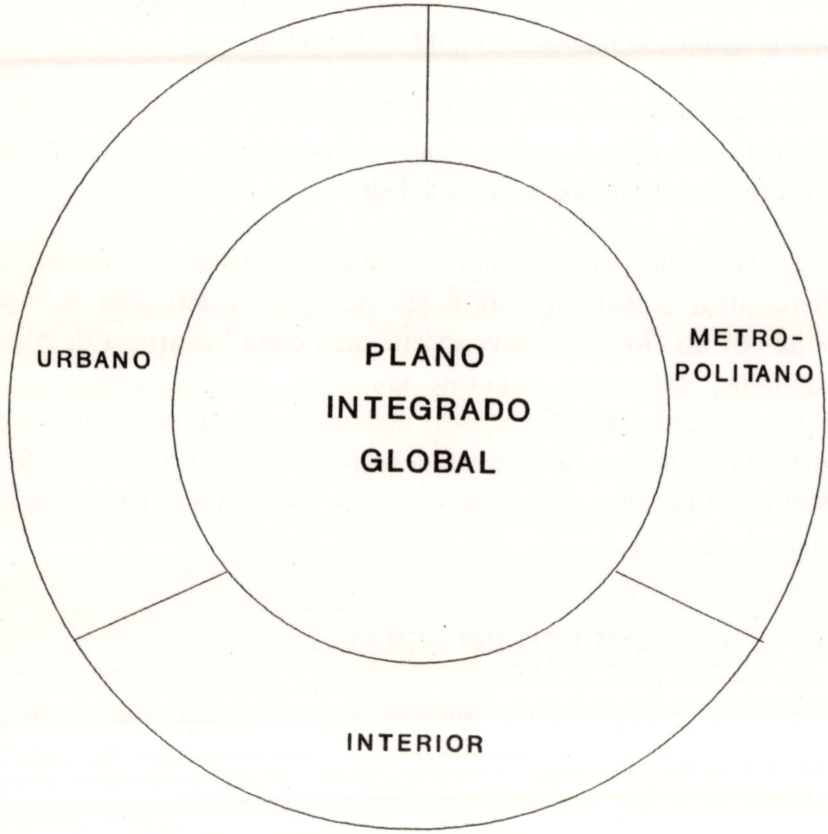

QUADRO 2: EXEMPLO DE UMA POSSÍVEL ESTRUTURAÇÃO DO PLANEJAMENTO INTEGRADO

Essa desagregação obedece a um critério de interdependência físico-econômica: no caso do plano metropolitano, apesar dos diversos municípios serem entidades politicamente autônomas, a alta integração física (geográfica, transporte público comum, localização residência-trabalho, serviços de saneamento etc.) entre municípios de uma área metropolitana exige um planejamento comum realizado a nível macroscópico, que pode ser atribuído ao Governo do Estado.

Deve-se comentar que a figura exposta mostra uma hierarquia de planos, onde o Plano Global representa o nível superior; assim, decisões tomadas no Plano Global são restrições ao nível dos planos menores, devendo-se obedecer a essas decisões, sob o risco de se perder a visão sistêmica possível apenas no Plano Global.

Pode-se ter também uma estrutura suplementar de planejamento, com diferentes níveis que se individualizam conforme o horizonte de tempo. Assim, teríamos a hierarquia tradicional de planejamento-estratégico, operacional, programação, que diferem quanto ao horizonte de planejamento, ciclo de replanejamento e controle e, por decorrência, no nível de detalhe empregado (quanto maior o horizonte, menor o nível de detalhe utilizável).

Como o planejamento integrado é uma atividade que deve integrar funções do serviço público (entre si e com interfaces com setores fora da área pública, inclusive), é necessário um modelo de apoio a esse planejamento, que justamente permita uma abordagem racional de uma realidade complexa.

Esse modelo deveria possuir as seguintes características:

- na medida do possível, trabalhar com informações disponíveis ou passíveis de quantificação;

- permitir simular a operação do sistema de serviços públicos do Estado, de forma a possibilitar o conhecimento do impacto de decisões, tanto gerais (a nível do Governo como um todo), como de órgãos específicos, bem como o impacto de alterações ambientais não-planejadas, em um horizonte qualquer, ou seja: permitir determinar o impacto da conjunção de diversas decisões e/ou diferentes cenários em diferentes horizontes;

- prever, se possível, o comportamento de variáveis exógenas;

- ter suficiente adequabilidade, isto é, suportar pequenas alterações nos dados de entrada;

- ser suficientemente simples, de forma a facilitar a análise de seus resultados;

- fornecer medidas de desempenho, para permitir a comparação dos resultados de diferentes soluções aplicadas a um problema de planejamento e escolher aquela com melhores resultados (ou balanço de resultados);

- abarcar a totalidade (ou pelo menos os componentes mais importantes) do serviço público estadual e do sistema no qual ele se insere.

Devido à sua abrangência, tamanho e características, pode ser muito difícil a utilização de modelos normativos tradicionais (tipo programação linear). Além disso, não é possível adotar uma função-objetivo única, pois na verdade uma decisão política leva em conta a compatibilização de uma série de interesses diversos (e algumas vezes conflitantes) de setores diferentes. Isto poderia nos levar a um modelo de multi-objetivos que, entretanto, ainda teria muita dificuldade em representar convenientemente as inter-relações dinâmicas entre os diversos setores (subsistemas).

Por essas razões, parece ser conveniente a escolha de um modelo híbrido de simulação, usando modelos determinísticos (como dinâmica de sistemas, por exemplo) e probabilísticos (regressões multilineares e processos estocásticos): cada setor seria representado por um modelo menor, que contemplasse as suas características com um nível de detalhe muito grande, pois o que interessa no plano integrado é justamente a inter-relação entre as partes; o modelo total seria a agregação desses modelos particulares em uma estrutura coerente de inter-relações.

Naturalmente, tal modelo deve usar processamento eletrônico de dados para ser desenvolvido. Caso se use um modelo de dinâmica de sistemas, pode-se montar um único modelo de simulação, pois este poderá representar virtualmente qualquer horizonte de planejamento.

Utilizando-se modelos de simulação, a questão básica é justamente como montar as decisões e/ou cenários que deverão ser usados ou testados no modelo. Não existe resposta "a priori" para isto, mas a simples possibilidade de se avaliar uma decisão em todas as nuances desejadas é uma vantagem indiscutível, pois reduz a necessidade de teste no sistema real. Sabe-se que, há vantagens e desvantagens do uso de um modelo de pesquisa operacional para apoiar decisões de planejamento.

Do lado das vantagens, temos:

- permite analisar tanto o nível operacional-tático como o nível estratégico das ações do Governo;

- a própria confecção do modelo permitirá o melhor conhecimento da natureza das inter-relações, hoje ainda nebulosas;

- permite avaliar o impacto de ações na evolução de parâmetros que têm relação com aspectos gerais do sistema como um todo (ou seja, aspectos que necessitam de uma percepção além daquelas de um único setor), tais como:

. satisfação da população com o desempenho governamental;

. desempenho geral do setor público estadual;

. orçamento total e endividamento do setor etc.;

- reduzir a possibilidade de ocorrerem efeitos não-planejados e que possam ter efeito negativo, tanto a nível da população como da imagem do Poder do Estado.

Como desvantagem principal temos os custos de se criar e manter um sistema de informações (latu sensu) para alimentar o modelo; e como dificuldade básica, a necessidade de se criar uma mentalidade de planejamento agregado abandonando-se as práticas tradicionais.

5. CONCLUSÕES

Neste capítulo procurou-se defender a responsabilidade social e a capacidade técnica como fundamentos indissociáveis do planejamento público. Ressaltou-se o caráter substantivo do planejamento enquanto processo de explicitação de políticas públicas socialmente dirigidas, bem como a necessidade de aplicação de um enfoque sistêmico, integrativo, dos mecanismos de planejamento, que seja adequado ao estágio atual de complexidade e interdependência da sociedade brasileira.

Impõe-se uma revitalização do planejamento na administração pública brasileira como uma forma de facilitar o diálogo entre sociedade e governo e combater a descontinuidade administrativa, bem como para equacionar o crescente desequilíbrio entre demanda e oferta de serviços públicos. Neste sentido sugere-se algumas linhas de ação:

a) O planejamento deve ser obrigatório e tratado como matéria constitucional. Além do Plano Nacional, os planos e políticas setoriais devem ser reforçados a fim de abrangerem o conjunto de serviços e atividades governamentais. Por exemplo, cabe lembrar a necessidade de planos nacionais de energia, de telecomunicações e de transportes urbanos para as regiões metropolitanas.

b) Tais planos, de caráter plurianual, desenvolvidos pelo executivo, deveriam ser aprovados pelo legislativo respectivo. Deveriam estabelecer as grandes diretrizes do desenvolvimento setorial, com a definição de metas a serem atingidas e meios adotados em termos de projetos e recursos - capital privado ou público, empréstimos - internos ou externos, etc.

c) O aumento da complexidade e integração da economia, assim como a evolução tecnológica, exige planejamento global e integrado, extrapolando padrões e estruturas de planejamento por empresa ou serviço específico. No futuro será cada vez mais necessário fazer planejamento articulado através de planos setoriais coerentes com um plano nacional. O planejamento de transportes urbanos tem de complementar o planejamento do sistema viário, contemplando conjuntamente metrô, trem de subúrbio, ônibus e assim por diante.

d) As políticas setoriais - agrícola, industrial, comercial, etc. -, que envolvem, além das atividades do governo, sinalizações diversas para a iniciativa privada, devem ser desenvolvidas em conjunto com a mesma. Câmaras setoriais permanentes, formadas por representantes dos empresários e dos empregados, devem trabalhar em conjunto com órgãos governamentais.

Adotadas medidas na direção proposta, teríamos maiores chances de compromissos mais profundos e amplos entre governo e sociedade e menos personalismo, vedetismo e descontinuidade administrativa associados ao "continuísmo" de padrões e posturas indesejáveis. O novo governante simplesmente não poderia "queimar" ou engavetar os planos do antecessor com frivolidade maniqueísta. Teria, isto sim, de analisá-los em detalhe para propor alterações específicas e aprimoramentos concretos, cujas inclusões dependeriam dos Legislativos. Só assim passaríamos a contar com um processo de planejamento evolutivo, criativo, transparente e respeitado pela opinião pública.

BIBLIOGRAFIA

MASUJIMA, Toshiyuki - Sistemas de Información Administrativa en la Administración Japonesa: Algunas Reflexiones sobre Problemas y Soluciones, RICA, 1991

MERCER, James L. & KOESTER, Edwin H. - Public Management Systems, New York, Amacon, 1978, 309 p.

MESAROVIC, M.D.; MACKO, D. and TAKAHARA, Y - Theory of Hierarchical, Multilevel Systems, London Inc., London, 1970.

NEWMAN, William, WARREN, K. - Administração Avançada, Atlas, 1980

SIMON, Herbert A. - Information Technologies and Organizations, The Accounting Review, 1990

CAPÍTULO IV

ANÁLISE DE RELAÇÕES INTERORGANIZACIONAIS

Hélio Janny Teixeira
Solange Maria Santana

1. O DESAFIO DE ADMINISTRAR RELAÇÕES INTERORGANIZACIONAIS 39

2. BASES CONCEITUAIS PARA A ANÁLISE DAS RELAÇÕES INTERORGANIZACIONAIS 41

3. PLANO DE TRABALHO PARA ANÁLISE DE RELAÇÕES INTERORGANIZACIONAIS 48

4. CONSIDERAÇÕES FINAIS 49

1. O DESAFIO DE ADMINISTRAR RELAÇÕES INTERORGANIZACIONAIS

Os processos de integração e interdependência que caracterizam as sociedades industriais contemporâneas, alargando o espectro de atuação das empresas e organizações em geral, têm imposto mudanças significativas nos paradigmas da teoria organizacional.

Interdependências associadas a tecnologias avançadas, alta especialização do trabalho e situações incertas de um ambiente dinâmico têm carreado uma elevada multiplicação e complexidade das relações funcionais entre indivíduos, organizações, setores de atividade e alçadas governamentais.

A ênfase dada à interface organização-ambiente nas últimas décadas chamou a atenção sobre as opções disponíveis para as organizações aumentarem o seu controle face à incerteza das exigências do ambiente. Sob tais condições, os arranjos para a solução de problemas envolvem participantes provenientes de diferentes níveis de decisão e de uma variedade de unidades funcionais especializadas. A possibilidade do indivíduo atingir objetivos depende não só de suas escolhas mas também das escolhas dos outros. Ações em qualquer nível de tomada de decisão serão influenciadas pelas relações que se dão entre os diversos níveis de decisão intervenientes assim como pelos limites funcionais de cada unidade. Uma importante tarefa dos sistemas de gestão pública é, então, aquela de assegurar a coordenação de políticas de ações, através de redes formadas por organizações interdependentes, onde as capacidades coletivas dos participantes são essenciais para uma efetiva solução de problemas e onde as atividades de unidades particulares devem ser guiadas por considerações políticas mais amplas.

As relações entre organizações em diferentes redes ocorrem em contextos diversos, cada um dos quais implicando em características diferenciadas para cada uma das unidades e, obviamente, exigindo tratamentos diferenciados do ponto de vista de coordenação, planejamento, controle, etc.

As relações interorganizacionais tornam-se, assim, uma questão de grande significado teórico e administrativo. No setor público, elas tem sido um desafio permanente, mas, na verdade, pouco tratado no desenho de sistemas de serviços e estruturas organizacionais.

Dado o caráter, diversidade e tamanho das estruturas governamentais, nunca um só órgão provê todos os serviços requeridos por um grupo de clientes tendo que atuar na teia das relações inter-órgãos. A coordenação interorganizacional, é por isso, percebida, por muitos, não somente como um meio para aumentar a qualidade do setor público, mas também como um caminho para melhorar a eficiência do governo.

A coordenação interorganizacional ocupa, hoje, uma importante posição em estudos organizacionais. Com uma mudança de ênfase na teoria organizacional - do controle interno de atividades ao gerenciamento de obrigações externas - discussões sobre o controle de recursos, participação em estruturas complexas de decisão, etc., tornam-se proeminentes (Katz e Hahn 1967, Thompson 1967).

Pesquisas sobre Relações Interorganizacionais (RI), começaram a aparecer nos anos 50 e 60 sob forma de estudos de casos, escritos freqüentemente por administradores que participaram em "ventures" colaborativas. O estudo de caso deu oportunidade para documentar o processo de coordenação, refletir quanto a problemas encontrados e fazer prescrições para evitar erros. Este campo tem progredido desde os primeiros documentos sobre simples "ventures" colaborativas, passando por um período de pesquisa comparativa em grande escala sobre os antecedentes e conseqüências de uma coordenação interorganizacional sistemática, até o período contemporâneo de desenvolvimento empírico baseado em programas de intervenção para melhorar a coordenação interorganizacional.

É bastante escassa a bibliografia e a pesquisa brasileira sobre relações interorganizacionais. No Brasil, o problema das RI tem sido tratado de forma fragmentada e parcial, em estudos e pesquisas sobre administração pública voltados a tópicos como: controle das estatais, reforma administrativa e regiões metropolitanas. A dispersão e fragmentação dessas pesquisas dificultam uma consolidação de conclusões, bem como o desenvolvimento de planos que possam fazer frente aos problemas identificados, ou reforçar os pontos fortes descobertos. Esta fragmentação reflete, por sua vez, a ausência de uma metodologia articulada, coerente e estruturada, que permita a condução de pesquisas de forma mais homogênea e com maior utilidade. Com este trabalho pretende-se contribuir, em parte, para a superação desta defasagem, sistematizando os aspectos fundamentais de uma metodologia de análise das relações interorganizacionais que vem sendo aplicado em projetos de Consultoria Organizacional desenvolvidos através da FIA-USP.

2. BASES CONCEITUAIS PARA A ANÁLISE DAS RELAÇÕES INTERORGANIZACIONAIS

A unidade básica de análise é a rede de organizações, entendida como um conjunto de diferentes organizações que possuem um significativo grau de interação entre si. Tais interações podem incluir, num extremo, trocas extensivas e recíprocas de recursos, e no outro extremo, intensa hostilidade e conflitos.

As organizações em uma rede podem estar ligadas direta ou indiretamente. Algumas redes, por exemplo, constituem-se através de uma série de organizações ligadas por laços múltiplos e diretos, umas às outras. Outras podem ser caracterizadas como um "cluster" de ligações ao redor de uma ou poucas organizações mediadoras/controladoras.

Warren Roland C. (1967) apoia-se no conceito de "campo interorganizacional" baseado na observação de que a interação entre as organizações é afetada, ao menos em parte, pela natureza do padrão organizacional ou da rede na qual estão inseridas.

Para Benson Kenneth I. (1975), outro especialista que se ocupa desta questão, rede interorganizacional deve ser concebida como economia política relativa à distribuição de dois recursos escassos: dinheiro e autoridade, que, naturalmente, estão inter-relacionados.

O poder sobre as organizações que compõem uma rede pode ter diversos efeitos sobre as relações naquela rede. Administradores de agências que compõem a rede e são mais poderosos podem ser capazes de defender seus fluxos de recursos, conquistar novos domínios, resistir a conquistas tentadas por organizações menos poderosas e bloquear a criação de organizações competitivas. Desta forma os principais efeitos do exercício do poder na rede em causa repousam no controle dos recursos da rede, influindo no fluxo de recursos para outros agentes.

A segunda expressão do exercício do poder em redes de relações interorganizacionais encontra-se no processo de negociação entre as respectivas organizações. A organização mais poderosa pode forçar as demais a aceitar seus termos de negociação, para estabelecer programas cooperativos ou resolver disputas. O poder permite a uma organização expandir-se além de suas fronteiras e determinar políticas e práticas em organizações mais fracas; recusas destas em aceitar as demandas das mais fortes podem carrear sérias repercussões no processo de obtenção de recursos.

R. Warren (1967), desenvolveu uma tipologia de contextos que distingue as formas pelas quais as unidades organizacionais interagem no processo decisório, bem como são influenciadas por seus relacionamentos. Os quatro tipos de contextos são: (1) unitário, (2) federativo, (3) coalizão, e (4) escolha social. O quadro 3 a seguir ilustra a variação de diversas dimensões das unidades organizacionais em função do contexto em que atuam.

	TIPOS DE CONTEXTO			
DIMENSÃO	**UNITÁRIO**	**FEDERATIVO**	**COALIZÃO**	**ESCOLHA SOCIAL**
Relação das unidades com uma "meta inclusiva" (comum)	Unidades organizadas para alcance de metas inclusivas	Unidades com metas específicas, com alguma organização formal para as metas inclusivas	Unidades com metas específicas, com colaboração informal para as metas inclusivas	Não há metas inclusivas
"Locus" da tomada de decisão sobre as "metas inclusivas"	No topo da "estrutura inclusiva"	No topo da estrutura inclusiva, sujeita a ratificações das unidades	Na interação das unidades sem uma estrutura formal inclusiva	Dentro das unidades
"Locus" da autoridade	No topo da hierarquia da estrutura inclusiva	Principalmente a nível das unidades	Exclusivamente a nível das unidades	Exclusivamente a nível das unidades
Apoio estrutural para divisão do trabalho	Unidades estruturadas para a divisão do trabalho dentro da organização inclusiva	Unidades estruturadas autonomamente, podem concordar com uma divisão do trabalho que pode afetar a sua estrutura	Unidades autonomamente estruturadas podem concordar com uma divisão do trabalho, sem reestruturação	Não há divisão do trabalho formalmente estruturada dentro de um contexto inclusivo
Comprometimento com um subsistema líder	Alto comprometimento	Comprometimento moderado	Comprometimento apenas com líderes	Comprometimento apenas com líderes
Orientação coletiva prescrita para as unidades	Alta	Moderada	Pequena	Mínima ou Nenhuma

QUADRO 3 - TIPOS DE CONTEXTO E SEUS IMPACTOS SOBRE AS ORGANIZAÇÕES

(Extraído e traduzido de Warren, 1967; pág. 406)

A problemática central da análise das relações interorganizacionais é o delineamento do domínio interorganizacional, ou seja, da dinâmica do poder entre diversas organizações com interesses e interações em torno de um determinado problema (Gray Barbara e Hay Tina H.,). Enfatizando este mesmo aspecto Edmundo Campos Coelho e Patrícia Tomei (1979) afirmam que a questão crítica para a administração e gerência consiste, neste nível, em estabelecer para a organização "um domínio legítimo dentro de uma rede organizacional ...".

As análises e recomendações referentes ao domínio das organizações públicas que compõem uma rede devem considerar três dimensões: o conteúdo, forma e área geográfica da atuação das organizações em questão. Cada dimensão pode ser analisada segundo os níveis de abrangência possíveis a cada órgão, colocando-as numa escala de graduação que caminha de menor para maior abrangência, ou seja, de uma atuação mais restrita para uma atuação mais ampla. Para cada dimensão deve-se considerar três visões: legal, real e a ideal.

Conteúdo: refere-se à gama de assuntos, matérias ou atividades em que o órgão atua ou deve atuar;

Forma: refere-se ao tipo de intervenção que a organização em estudo exerce dentro do espectro do planejamento-execução-controle dos assuntos, matérias ou atividades e no grau de controle na aplicação de recursos. Podemos ter desde a execução de apenas uma destas funções (menor abrangência) até a execução integrada de todas as funções (maior abrangência).

Área Geográfica: refere-se ao espaço físico em que a organização deve atuar. Assim, a abrangência pode ser representada pelo número de municípios, área em quilômetros quadrados, ou outra unidade.

O objetivo da coordenação interorganizacional é fazer com que a rede atinja o equilíbrio interorganizacional, condição na qual supostamente todos os recursos, habilidades e necessidades de cada componente da rede são utilizados e atendidos da melhor forma possível.

Uma rede interorganizacional está equilibrada na extensão em que as organizações participantes estão desenvolvendo interações altamente coordenadas e cooperativas, baseadas em consenso normativo e respeito mútuo. Benson (1973) identificou em pesquisa quatro importantes dimensões do equilíbrio interorganizacional:

Consenso quando ao domínio: acordo entre os participantes das organizações com respeito ao papel e escopo apropriado de cada agente.

Consenso ideológico: acordo entre os participantes das organizações, com respeito à natureza das tarefas desempenhadas pelas organizações e das abordagens apropriadas a estas tarefas.

Avaliação positiva: o julgamento por trabalhadores de uma organização do valor do trabalho de outra organização.

Coordenação de trabalho: padrões de colaboração e cooperação entre organizações. O trabalho é coordenado à medida em que programas e atividades em duas ou mais organizações são concatenados um no outro com um máximo de eficácia e eficiência.

A partir da idealização da situação de equilíbrio da rede, o grande desafio passa a ser a implementação das mudanças necessárias para que se atinja este estado. Algumas estratégias básicas, segundo Benson (1973), podem ser identificadas para produzir as mudanças necessárias, ainda que cada uma delas possa aparecer de diferentes formas. Estas estratégias são definidas através dos meios empregados para efetivar as mudanças na rede:

Estratégias cooperativas: as mudanças são obtidas através de acordos e planejamento conjunto nos quais cada unidade social afetada participa e exercita opções. Alterações na rede oriundas deste processo são tipicamente compromissos firmados pelas organizações afetadas. Tais compromissos geralmente envolvem um processo de negociação e intercâmbio através dos quais cada parte, voluntariamente, desiste de algumas condições, em troca de concessões similares feitas pelos demais.

Estratégias disruptivas: esta segunda estratégia envolve a condução deliberada de atividades que ameaçam as capacidades de geração de recursos de um agente visado. Tais atividades são desempenhadas de modo a forçar mudanças neste agente visado, incluindo a alteração de suas relações com os outros participantes da rede e do ambiente. Tais táticas devem atacar eficazmente funções vitais da manutenção de recursos para que sejam bem sucedidas. Isto pode ser atingido de diversas formas, incluindo: (a) violações de domínio - a invasão do domínio do agente visado através da condução de programas que caem claramente dentro de seu domínio; (b) reorientação do fluxo de fundos - a aquisição de fundos que iriam, de outra forma, para o agente visado; (c) engano em programas - atividades que interferem com a eficácia de programas da agência visada e desta forma diminuem sua capacidade para competir por fundos e autoridade. Em geral as estratégias disruptivas são escolhidas quando as comunicações e pressões normativas prescritas não são eficazes.

Estratégias de manipulação: a terceira maior forma de estratégia envolve a alteração deliberada de restrições ambientais que afetam o fluxo de recursos. Tal ação é desempenhada como meio de produzir mudanças em redes interorganizacionais e nas prioridades de programas e compromissos tecnológicos dos agentes. Deste modo, com base em suposições específicas sobre a busca de recursos por parte dos agentes, condições que afetam a aquisição de recursos são alteradas. Este tipo de estratégia é análoga à regulamentação governamental da economia através da manipulação de taxas de juros, impostos e oferta de moeda.

Estratégias de autoridade: o quarto tipo de estratégia envolve o alinhamento ou realinhamento das relações da rede, com base na autoridade. Neste caso as relações entre os agentes são precisamente especificadas por um participante com autoridade, seja ele um órgão do executivo ou do legislativo. A especificação precisa das relações inclui a regulamentação de contatos, referências, compartilhamento de recursos e outros detalhes. Esta estratégia estabelece limites positivos e negativos para as relações entre agentes, especificando o que deve ou não ser feito.

Estratégias seqüenciais: relações interorganizacionais desenvolvem-se através de estágios ou seqüências nos quais as estratégias mudam ao longo do tempo. É provável que padrões ordenados possam ser descobertos no seqüenciamento das estratégias. Por exemplo, acordos cooperativos entre alguns agentes podem ser possíveis somente após um período de contato disruptivo, através do qual alguém ganhou poder de barganha em relação ao outro.

Estratégias combinadas: Outra possibilidade a ser explorada é a combinação de opções estratégicas. Num dado ponto no tempo os agentes podem estar simultaneamente perseguindo duas ou mais estratégias. Elas podem ser analiticamente distintas, ocorrendo simultaneamente ou podem estar inextrincavelmente confundidas umas às outras.

3. PLANO DE TRABALHO PARA ANÁLISE DE RELAÇÕES INTERORGANIZACIONAIS

O estudo de uma rede de relações interorganizacionais deve ser feito através do desenvolvimento dos seguintes procedimentos:

- delimitação do processo/campo de estudo e identificação das organizações envolvidas;

- levantamento dos dados necessários junto às organizações envolvidas para a compreensão do processo pesquisado;

- montagem de "organograma interorganizacional", no qual ficam explícitos formas e conteúdo da atuação de cada organização em relação às atividades do processo real;

- identificação de superposições de objetivos, formas e conteúdo da atuação das organizações envolvidas;

- montagem de modelos identificando os processos legais e ideais a serem administrados;

- identificação de lacunas de atuação mediante comparação do "organograma interorganizacional" com modelos alternativos;

- elaboração dos "domínios alternativos" para cada organização, onde são mostradas distintas possibilidades de atuação das diversas organizações;

- tomada de decisão quanto à nova configuração da rede (fusões, privatizações, adições, etc.) pretendida, mediante o processo de mudança;

- definição das estratégias, táticas e ações a serem adotadas no processo de mudança para atingir os objetivos fixados.

4. CONSIDERAÇÕES FINAIS

A partir das dimensões e categorias de análise apresentadas neste capítulo, pode-se concluir que o foco analítico neste tipo de estudo incide sobre as características das redes interorganizacionais e seu ambiente. A organização unitária aparece no esquema de análise como um agente que carrega opções estratégicas variáveis, mas não como foco central de atenção. Os fenômenos a serem explicados são ligações interorganizacionais, e não estruturas ou comportamentos intraorganizacionais em si. Variáveis explicativas são pesquisadas na estrutura das relações interorganizacionais e nas ligações rede-ambiente, abrindo-se, assim, um campo promissor de análise: as ilações do fenômeno interorganizacional com a macroestrutura societal.

Entre nós, a problemática das redes de relações interorganizacionais impõem-se como um dos aspectos prioritários em qualquer esforço de racionalização administrativa. Há um emaranhado de órgãos governamentais insuficientemente articulados entre si e nos processos em que intervêm, o que gera um sub-aproveitamento de recursos e redução da eficácia global. Vários órgãos agem sobre os mesmos problemas mas de maneira conflitante e desarticulada, facilitando sobreposições ou lacunas de atuação. O próprio Estado não conhece bem a sua máquina, a ponto de ter dúvidas se ela está inchada, atrofiada ou apenas esquizofrênica.

No capítulo seguinte é apresentado um estudo das relações interorganizacionais referente ao planejamento e controle das organizações públicas do Estado de São Paulo.

BIBLIOGRAFIA

BENSON, Kenneth I. - "The Interorganizational Network as a Political Economy, in: Administrative Science Quarterly, 20 june, 1975.

COELHO, Edmund C.; TOMEI, Patrícia - "Administração de Sistemas Complexos: organizações e "redes organizacionais", Rio de Janeiro, IUPERJ, 1979, 112 p.

RETTI, Richard; SILVER, Jonathan H. - in: Administrativa Science Quartely, 1986, pp 25-42.

SIMS, David - "Interorganization: Some Problems of Multi-organization teams", in: Personal Review, 15 nov., 1967, pp 27-31.

WARREN, Roland C. - "The Interorganizational Field as a Focus for Investigation", in: Administrative Science Quarterly, 12 Dec., 1967, pp 396-419.

CAPÍTULO V

PLANEJAMENTO NA ADMINISTRAÇÃO ESTADUAL

Hélio Janny Teixeira
Maria Odeth Pereira de Almeida Teixeira
Solange Maria Santana

1. INTRODUÇÃO 53

2. EVOLUÇÃO DO PLANEJAMENTO NA ADMINISTRAÇÃO DO ESTADO DE SÃO PAULO 54

3. AS ESTRUTURAS E SISTEMAS INTERORGANIZACIONAIS DE PLANEJAMENTO E CONTROLE VIGENTES 58

4. FATORES QUE DIFICULTAM O EXERCÍCIO DO PLANEJAMENTO NA ADMINISTRAÇÃO ESTADUAL 68

5. ESTRATÉGIAS PARA O FORTALECIMENTO DO CICLO DE PLANEJAMENTO - CONTROLE E AVALIAÇÃO DE DESEMPENHO 77

O conteúdo deste capítulo é fruto de várias experiências e pesquisas em órgãos da administração pública paulista sistematizadas com base no contexto vigente até 1990.

1. INTRODUÇÃO

Neste capítulo, a problemática do planejamento no setor público é enfocada com base numa análise da administração estadual de São Paulo.

O atual momento vivido pela Administração do Estado de São Paulo exige que se efetuem profundas mudanças em relação aos seus processos de gestão devido a fatores com a acentuada elevação da demanda por serviços públicos, ao mesmo tempo em que se dá uma contração dos recursos para atendê-la; à crescente complexidade da atividade governamental, à medida que se assimila novos parâmetros de desenvolvimento econômico e social; e sobretudo, à pressão generalizada no país pela aplicação de novos critérios políticos e procedimentos no trato da coisa pública.

A utilização de um enfoque de planejamento na análise que aqui fazemos da administração estadual de São Paulo decorre, em primeiro lugar, do pressuposto de que o Planejamento - política e administrativamente bem orientado - é um instrumento de fundamental importância para o fortalecimento da sinergia estratégica na gestão pública.

Este estudo responde à necessidade de se produzirem análises de caráter globalizante, e sistêmicas, sobre a administração estadual em São Paulo. Há, e com muitos méritos, diversas publicações acerca de elementos ou áreas específicas de atuação, vislumbrando-se, no entanto, uma lacuna no que concerne ao entendimento, estudo e reflexão sobre o conjunto da gestão. Daí termos orientado este trabalho exatamente no sentido de captar - descrever e analisar - o conjunto das estruturas e dos processos envolvidos com o Planejamento e Controle da administração estadual como um todo. Com base nesta análise, fazemos algumas propostas capazes de potencializar o Planejamento e a Avaliação de Desempenho no conjunto da administração estadual.

2. EVOLUÇÃO DO PLANEJAMENTO NA ADMINISTRAÇÃO DO ESTADO DE SÃO PAULO

No início da década de 50, surgiram os primeiros esforços para aplicação de princípios de planejamento na administração estadual de São Paulo. A partir daí sucessivos governos têm abordado a questão, sob diferentes formas, de tal modo que, numa análise evolutiva, pode-se dizer que a experiência de planejamento na administração do Estado tem repousado mais nas características pessoais e tendências próprias dos governadores do que num sistema racionalizado de gestão governamental.

Os primeiros passos mais significativos foram dados no Governo Lucas Garcez, 1951-1954, com a elaboração do Plano Estadual de Eletrificação. Foi a primeira iniciativa, ainda que setorial, na direção do mapeamento de uma situação de momento e do arrolamento de atividades para atingir determinado objetivo. Envolvia um levantamento do potencial energético do Estado e da programação de sua utilização nos anos subseqüentes. O governo seguinte - Jânio Quadros - elaborou diversos diagnósticos e levantamentos, que subsidiariam, no governo que o seguiu (Carvalho Pinto), o chamado I Plano de Ação, posto em prática no período 1959-1962.

Estruturalmente apoiado no "Grupo de Planejamento", ligado diretamente ao Governador como uma assessoria especial, o Plano de Ação contou com o respaldo político da equipe responsável pela sua implementação, o que foi decisivo. Além disso, era operacionalmente factível, uma vez que as metas do Plano haviam sido incorporadas ao orçamento do Estado. Paralelamente, a atuação atenta do Grupo de Planejamento permitia uma rápida adaptação do

Plano sempre que surgiam imprevistos. Pode ser considerada, além de pioneira, a mais bem sucedida experiência de planejamento, em termos de execução planejada na administração paulista, apesar de suas deficiências, como não ter sido assimilada pela administração como um processo a ser repetido independentemente do governo, ou seja, não foi implantado de maneira mais definitiva. Em termos de conteúdo, a metodologia de elaboração do I Plano de Ação não adotou um modelo para definição de prioridades, nem considerou as potencialidades ou deficiências de cada região, limitando-se a relacionar as obras a serem executadas, e seus respectivos prazos.

Compreendendo os benefícios de uma atuação orientada com base no planejamento, o governador que assumiu no período 1963-1966, Adhemar de Barros, decidiu pela criação da Secretaria de Economia e Planejamento - SEP, (Lei nº 8208 de 08 de julho de 1964), órgão que implantaria o Plano de Desenvolvimento Integrado - PLADI. Fez-se então uma opção pela formalização da função de planejamento, pois:

- o PLADI compreendia um diagnóstico sobre as tendências do desenvolvimento econômico do Estado, e uma definição do papel do estado nesse processo. Entretanto, não associava os métodos do plano às disponibilidades de recursos do Tesouro;

- a SEP, por outro lado, não foi suficientemente apoiada politica e administrativamente, no sentido de ter, na sua área de atuação, ascendência e colaboração das outras secretarias, o que seria essencial para que o PLADI fosse bem sucedido. Além disso, a SEP teve diversas de suas funções definidas com sobreposição às da Fazenda, tornando-a excessivamente burocratizada, sem poder de decisão. O aproveitamento dos integrantes do Grupo de Planejamento, com uma boa experiência vivida no governo anterior, foi relegado, acentuando-se as dificuldades da SEP, que não pode se beneficiar da vivência daqueles no processo de planejamento.

A conjunção desses fatores conduziu, conseqüentemente, ao abandono do PLADI logo depois do início do governo. Esta malograda experiência de sistematização do planejamento conduziu, entre outros fatores, ao ostracismo a SEP no governo seguinte. Durante o período 1967-1971, Abreu Sodré decidiu fortalecer a Secretaria da Fazenda, instituindo o Orçamento-Programa e procurando consolidar propostas setoriais, vinculando-as ao orçamento do estado. Abandonou-se portanto uma visão mais global, com diagnóstico abrangente, adotando-se uma postura mais voltada aos aspectos de instrumentalização do planejamento. O Orçamento-Programa não foi orientado por metas globais, ou objetivos amplos para o Estado, mas visava compatibilizar as despesas decorrentes da execução de propostas setoriais com as fontes de recursos disponíveis. Pode-se dizer que sanou, dessa forma, um dos equívocos do modelo adotado pelo governo anterior. Por outro lado, suprimiu diversos aspectos positivos do PLADI, tal como o diagnóstico abrangente, sem os quais o planejamento se descaracteriza.

Ainda na gestão Abreu Sodré deu-se a criação do Grupo Executivo de Reforma Administrativa - GERA, que trabalhou no sentido de racionalizar e dotar a máquina pública de uma estrutura mais adequada às exigências daquele momento. Também essa iniciativa ficou sob responsabilidade da Secretaria da Fazenda, reduzindo mais ainda a área de influência e atuação da SEP.

O período seguinte, 1971-1974, sob o Governo Laudo Natel, foi marcado pela ausência de um plano global, entre outros fatores, devido às influências da esfera federal no governo do estado, já que este, através de planos nacionais, ditava prioridades e definia meios, limitando a amplitude de ação dos governadores. O então governador definiu algumas diretrizes básicas e estabeleceu metas setoriais específicas. Através de um sistema de controle do Programa de Investimentos do Estado, criou-se uma forma de acompanhar a aplicação de recursos em investimentos previstos em um Plano Plurianual. A operacionalização desse sistema foi atribuída ao Grupo de Planejamento Setorial - GPS. O resultado, ao fim do governo foi, entretanto, precário, já que o GPS não dispunha de informações necessárias para fiscalizar e flexibilizar o programa de investimentos quando necessário.

O novo governo, Paulo Egydio Martins, no período 1975-1978, promoveu uma forte reviravolta nos procedimentos adotados nos anos anteriores. Restabeleceu o prestígio da SEP, ao incorporá-la ao Gabinete, visando racionalizar a gestão e revitalizar a função de planejamento.

No governo Paulo Maluf, 1979-1982, deu-se uma outra regressão e a SEP perdeu apoio enquanto órgão de planejamento global. Foi valorizada a sistemática orçamentária, a cargo da própria SEP.

No período seguinte, 1983-1986 a SEP viveu momentos de renovação e revigoração. Seu Secretário, fortemente apoiado pelo Governador Franco Montoro, era um especialista em planejamento e a SEP retomou a questão do planejamento em termos mais amplos. Foram criados a CIEF (Coordenadoria de Investimentos, Empresas e Fundações) e os escritórios regionais de governo, o que permitiu a consideração de fatores regionais no planejamento global. Embora não tenha conseguido incorporar a cultura do planejamento sistematizado na SEP e na administração como um todo, deixou contribuições importantes.

No período mais recente, o governo Quércia tem enfatizado a adequação da gestão financeira através de caixa único. Em termos de planejamento não houve grandes evoluções, tendo a CAR

(Coordenadoria de Ação Regional) se transformado no órgão político da Secretaria.

3. AS ESTRUTURAS E SISTEMAS INTERORGANIZACIONAIS DE PLANEJAMENTO E CONTROLE VIGENTES

Uma das grandes dificuldades para uma melhor compreensão do sistema de planejamento e controle público vigente fica evidenciada quando se busca uma visão global do mesmo. A identificação dos órgãos envolvidos, suas funções, as entidades sobre as quais atuam e a respeito de quais assuntos, são aspectos que não têm sido objeto de muitos estudos.

A partir desta constatação, o primeiro passo para a execução da análise que aqui se apresenta, foi elaborar um quadro de referência, baseado nas disposições constitucionais e entrevistas, acerca do planejamento público.

Com base na legislação estadual vigente em 1990, no que concerne às atribuições de cada órgão da administração pública, e numa metodologia de análise de relações interorganizacionais, elaborou-se o Quadro 4: Relações Interorganizacionais dos Órgãos Envolvidos no Planejamento e Controle das Entidades da Administração Centralizada e Descentralizada do Estado de São Paulo, apresentado mais adiante. Trata-se de uma possibilidade de síntese dos papéis de cada unidade envolvida no planejamento e controle em relações aos órgãos da administração direta e indireta. Vale salientar que também neste quadro só se encontram mencionados, sob a perspectiva legal, os aspectos significativos que refletem o âmbito de ação de cada uma das entidades selecionadas no exercício do Planejamento e Controle da administração estadual como conjunto. Foram desprezados, naturalmente, os sistemas internos de planejamento e controle bem como outras funções internas ou externas desenvolvidas pelas entidades selecionadas.

O referido quadro 4 ilustra uma aplicação parcial da análise das relações interorganizacionais na administração pública, vista no capítulo anterior e foi construído mediante uma análise do âmbito de ação de um conjunto de Entidades da Administração Estadual, de acordo com os seguintes parâmetros:

a) **Unidades selecionadas**: as linhas da matriz compõem-se de órgãos selecionados, integrantes do Poder Executivo e do Legislativo, ambos no âmbito estadual, e dentro deles, as unidades mais diretamente envolvidas nos processo de planejamento e controle globais.

b) **Áreas de Atuação**: dentre os elementos das colunas figuram alguns assuntos que englobam diversos aspectos mencionados na legislação e foram agrupados pelo critério de similaridade, visando o enquadramento de diversos temas sob uma mesma categoria. Assim temos:

(b1) **Administração em Geral**: referência a aspectos diversos da administração, à máquina do estado como um todo, incluindo seus atos operacionais, a articulação entre os seus órgãos etc.

(b2) **Investimentos**: plano ou programa de investimento.

(b3) **Finanças**: pagamentos e recebimentos, entradas, saídas, receitas e despesas.

(b4) **Orçamento**: peça básica da administração financeira, orçamento-programa, sistema ou processo orçamentário.

(b5) **Contabilidade**: atividade de registro e controle de contas públicas, de acordo com as regras atuariais.

(b6) **Planos e Programas**: planos, projetos, programas, que impliquem numa determinada realização, que culminem com o atingimento de metas e objetivos.

(b7) **Pessoal**: Recursos Humanos, Gestão de Pessoal, Gestão de RH, Administração de RH, Políticas de RH, atividades ou grupos de atividades de RH.

(b8) **Bens Patrimoniais**: imóveis, veículos, equipamentos, materiais, registros de, administração de.

c) **Entidades objeto de intervenção**: as colunas ainda discriminam a natureza das entidades que sofrem intervenção de cada Entidade selecionada. As possibilidades são:

no âmbito da Administração Direta (D)

(S) Secretaria

(A) Autarquia

no âmbito da Administração Indireta (I)

(E) Empresa Pública

(M) Sociedade de Economia Mista

(F) Fundações

d) **Observações**: espaço reservado para esclarecimentos quanto ao conteúdo da tabela ou qualquer outro comentário exigido para compreensão do quadro no que se refere à unidade.

e) **Conteúdo da tabela**: foram identificadas na legislação as atividades ligadas ao sistema de planejamento e controle global e classificadas segundo a nomenclatura a seguir:

PLANEJAMENTO (P)	EXECUÇÃO (E)
P1. Realiza análises e estudos	E1. Acompanha a execução, a gestão, a implantação
P2. Presta apoio técnico	E2. Promove a adequada utilização
P3. Promove a viabilização econômico-financeira	E3. Executa atividades centrais do sistema
P4. Formula estratégias e políticas	E4. Coordena
P5. Assessora	
P6. Faz programa	
P7. Normatiza	

CONTROLE (C)	INFORMAÇÃO (I)
C1. Examina, inspeciona, verifica e fiscaliza	I1. Fornece esclarecimentos ao Tribunal de Contas
C2. Avalia o desempenho	I2. Monta e mantém cadastro\ arquivo
C3. Executa o controle interno	I3. Divulga
C4. Controla despesas	
C5. Emite parecer	
C6. Julga	

Os critérios para classificar cada atividade em uma ou outra categoria no ciclo P\E\C\I obedeceram a uma lógica definida pela própria equipe consultora, considerando a diversidade conceitual que envolve cada designação.

A aplicação do conjunto de parâmetros discriminados à análise do âmbito de ação de cada uma das Entidades selecionadas resultou na sistematização exposta no Quadro 4. É uma das representações possíveis do conjunto das ações relacionadas com o Planejamento e Controle na Administração Estadual de São Paulo, de acordo com a estrutura lógica de análise descrita.

ASSUNTOS / OBSERVAÇÕES — ÓRGÃOS INTERVENIENTES (a)		ASSUNTOS A QUE SE REFEREM AS INTERVENÇÕES (b)								Natureza das Entidades Envolvidas nas Atividades/ Intervenções (c)					OBS (d)
		Adminis-tração em Geral	Investi-mentos	Finanças	Orça-mento	Contabi-lidade	Planos e Programas	Pessoal	Bens Patrimo-niais	D		I			
		(b) 1	(b) 2	(b) 3	(b) 4	(b) 5	(b) 6	(b) 7	(b) 8	S	A	E	M	F	
SECRETARIA DA FAZENDA	Departamento de Auditoria do Estado - AUDI	C1		C1		C1		C1	C1	X	X	X	X	X	
	Coordenação das Entidades Descentralizadas CED	P2 E1	P3	E1			P3		E2		X	X	X	X	Apoia o CODEC tecnicamente. Não atua com financeiras.
	Conselho de Defesa dos Capitais do Estado - CODEC	I1 C2	P4 P5	P5 C2		C2	P4 P1	C1 C4			X	X	X	X	Todas as entidades da administração indireta.
	Coordenação da Administração Financeira - CAF	P6		E3 P4	E3 P4	C3		C4		X	X	X	X	X	
	Contadoria Geral do Estado - CGE				E1	C3 C5 E3 E4				X	X	X	X	X	
	Departamento de Despesas de Pessoal do Estado - DDPE							C4 I2 P1 P7		X	X	X	X	X	I2 - Apenas a centralizada.
	Comissão Central de Compras do Estado - CCCE								P4 P5 P7 E3 E4	X	X	X	X	X	Decide compras descentralizadas.

QUADRO 4: ANÁLISE DAS RELAÇÕES INTERORGANIZACIONAIS DOS PRINCIPAIS ÓRGÃOS ENVOLVIDOS NO PLANEJAMENTO E CONTROLE EXTERNOS DAS ENTIDADES DA ADMINISTRAÇÃO CENTRALIZADA E DESCENTRALIZADA DO ESTADO DE SÃO PAULO (cont.)

	ÓRGÃOS INTERVENIENTES (a) / ASSUNTOS OBSERVAÇÕES	ASSUNTOS A QUE SE REFEREM AS INTERVENÇÕES (b)								Natureza das Entidades Envolvidas nas Atividades/ Intervenções (c)					OBS (d)
		Administração em Geral	Investimentos	Finanças	Orçamento	Contabilidade	Planos e Programas	Pessoal	Bens Patrimoniais	D		I			
		(b) 1	(b) 2	(b) 3	(b) 4	(b) 5	(b) 6	(b) 7	(b) 8	S	A	E	M	F	
S E C.	Coordenadoria de Planejamento e Avaliação - CPA	P4 E4 C2 E1					P4 E1 E4 C2			X	X	X	X	X	
P L A	Coordenadoria de Programação Orçamentária - CPO		P4 E1 P7 E4 C2 P2		P4 E1 E4 C2 P2 P7					X	X	X	X	X	Menos as atribuições da CIEF.
N E J A	Coordenadoria de Investimentos das Empresas e Fundações - CIEF		P5 E1	P5 E1	P5 E1 C5							X	X	X	Assessora o controle da programação de investimentos.
M E N	Coordenadoria de Ação Regional - CAR	E4	P2				E1 P1			X	X	X	X	X	Atua em nível de coordenação Regional.
T O	Fundação Sistema Estadual de Análise de Dados - SEADE	P1 I2 I3					E1	P2		X	X	X	X	X	P2-Treinamento técnico em processamento de dados

QUADRO 4: ANÁLISE DAS RELAÇÕES INTERORGANIZACIONAIS DOS PRINCIPAIS ÓRGÃOS ENVOLVIDOS NO PLANEJAMENTO E CONTROLE EXTERNOS DAS ENTIDADES DA ADMINISTRAÇÃO CENTRALIZADA E DESCENTRALIZADA DO ESTADO DE SÃO PAULO

(cont.)

ASSUNTOS / OBSERVAÇÕES — ÓRGÃOS INTERVENIENTES (a)		ASSUNTOS A QUE SE REFEREM AS INTERVENÇÕES (b)													OBS (d)
		Administração em Geral	Investimentos	Finanças	Orçamento	Contabilidade	Planos e Programas	Pessoal	Bens Patrimoniais	Natureza das Entidades Envolvidas nas Atividades/ Intervenções (c)					
										D		I			
		(b) 1	(b) 2	(b) 3	(b) 4	(b) 5	(b) 6	(b) 7	(b) 8	S	A	E	M	F	
SEC.	Coordenadoria de Recursos Humanos CRH							P2 E3 E4 C2		X	X				
ADM.	Coordenadoria de Administração de Materiais - CAM								P4 E2 E3	X	X				Materiais excedentes
SEC. GOV.	Corregedoria Administrativa do Estado - CAE							C1		X	X	X	X	X	
	Departamento de Transportes Internos - DTI								P1 P4 P7 E1 C1 C4	X	X				Frota de veículos internos. Controla combustíveis.
AL SE SG	Tribunal de Contas - TC	C1 C5 C6	C1 C5 C6	C1 C5 C6	C1 C5 C6	C1 C5 C6	C1 C5 C6	C1 C5 C6	C1 C5 C6	X	X	X	X	X	
Ministério Público - MP		C1								X	X	X	X	X	

QUADRO 4: ANÁLISE DAS RELAÇÕES INTERORGANIZACIONAIS DOS PRINCIPAIS ÓRGÃOS ENVOLVIDOS NO PLANEJAMENTO E CONTROLE EXTERNOS DAS ENTIDADES DA ADMINISTRAÇÃO CENTRALIZADA E DESCENTRALIZADA DO ESTADO DE SÃO PAULO

Num outro exercício de sistematização das disposições legais existentes acerca do planejamento e controle no âmbito do governo estadual de São Paulo, pesquisou-se também quais as referências estabelecidas quanto ao arcabouço geral do planejamento no Estado. Neste nível de maior abrangência, a Constituição Estadual de São Paulo (art. 174) define certos graus de articulação e agregação entre universos específicos de planejamento - planos nacionais, estaduais, regionais, etc, dentro do horizonte do tempo - planos plurianuais, anuais, etc. O quadro 5 expressa estas referências mais gerais.

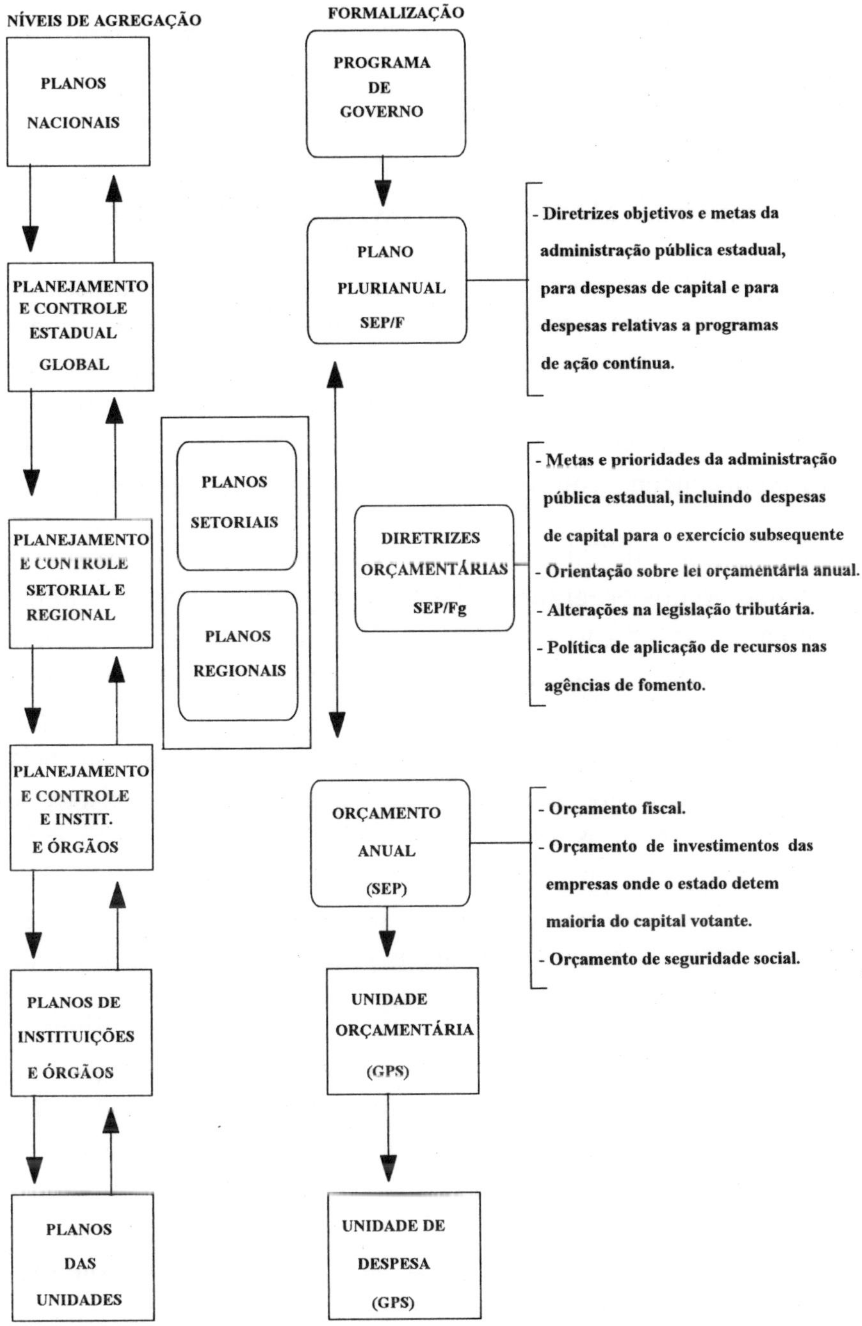

QUADROS: NÍVEL DE AGREGAÇÃO DO PLANEJAMENTO DO ESTADO E SUA FORMALIZAÇÃO SEGUNDO A CONSTITUIÇÃO ESTADUAL (ART. 174)

4. FATORES QUE DIFICULTAM O EXERCÍCIO DO PLANEJAMENTO NA ADMINISTRAÇÃO ESTADUAL

Dentro da tradição brasileira, a definição das políticas públicas do governo estadual repousa, fundamentalmente, no próprio Poder Executivo, funcionando o Legislativo - ao contrário dos países com uma maior tradição democrática e parlamentar - mais como um câmara de acompanhamento e pressão frente às políticas do governo, do que, propriamente, como um nível de formulação das mesmas.

O processo de definição de prioridades e o conseqüente estabelecimento dos programas de ação, no governo estadual - como de resto na administração pública do país como um todo - é também caracteristicamente vago e pouco sistematizado. As políticas definidas para a ação governamental caracterizam-se, no geral, por um baixo grau de consenso acerca dos próprios objetos de ação; pela inexistência de circuitos sistematizados de tomadas de decisões; e pela ausência de veículos de participação e escolha de alternativas de ação por parte da população interessada. Elaboradas assim, desvinculadas de um processo mais participativo de decisão, as prioridades formuladas para a ação governamental carecem de precondições para uma gestão planejada.

Idealmente, estas políticas deveriam ser definidas de acordo com parâmetros socialmente desejados de desenvolvimento para o Estado, tecnicamente estabelecidas na forma de um plano sócio-econômico para São Paulo. Na prática, planos de governo divulgados, resumem-se em maior ou menor grau, num arrolado de "prioridades" que não chegam a se constituir em um conjunto integrado de linhas de ação.

As "prioridades de Governo", assim estabelecidas, não estão expressas em metas sistematicamente integradas quantitativas e qualitativas - que tornem o exercício da gestão uma prática mais racionalizada. O monitoramento do Orçamento Programa Anual, que consome a quase totalidade dos esforços de acompanhamento da gestão dentro da administração estadual, não é suficiente para garantir um acompanhamento e avaliação da eficácia das políticas públicas desenvolvidas.

Os contratos de gestão, entendidos como soluções novas para facilitar o sempre difícil diálogo entre o Estado e suas instituições representam, sob outra ótica, o reconhecimento da fraqueza, ou mesmo da falência das sistemáticas vigentes do orçamento programa. Para isto contribui também a inexistência de sistemas de informação de apoio à gestão. Na prática, coletam-se muitos dados, produzem-se incontáveis tabelas e relatório que, de fato, pouco contribuem para conferir uma maior transparência à ação governamental e uma avaliação tecnicamente consistente da mesma.

No que pesem esforços isolados de introdução dos princípios de planejamento na administração estadual, obstáculos de ordem mais organizacional também dificultam o exercício do planejamento e controle pelo governo estadual. A estrutura organizacional vigente na administração estadual carece de níveis de hierarquização funcional dentro do amplo espectro de Secretarias de Governo. Com a estrutura vigente, torna-se impossível integrar a ação das distintas Secretarias num sistema que garanta o exercício real do governo em seu sentido mais amplo. Não há suportes organizacionais que facilitem a integração de metas nem uma avaliação de desempenho dos serviços prestados.

OS DESENCONTROS ENTRE MISSÃO, ESTRATÉGIA E OBJETIVOS DOS ÓRGÃOS E SUAS ESTRUTURAS DE FUNCIONAMENTO

Sendo a **Secretaria da Economia e Planejamento**, teoricamente, o órgão-chave do sistema de planejamento no Estado, tomaremos esta secretaria como ponto de partida para estruturarmos, dentro do prisma do planejamento, a apresentação dos aspectos críticos identificados no que tange às estruturas organizacionais existentes.

O processo de elaboração, monitoramento e controle da execução do Orçamento-Programa Anual concentra, hoje, a quase totalidade dos esforços, dos recursos e dos relacionamentos interorganizacionais desta Secretaria, ficando prejudicadas as funções legalmente estabelecidas de formulação da política de desenvolvimento sócio-econômico do Estado, no âmbito global e regional.

Em que pese a importância do Orçamento-Programa Anual como instrumento de gestão a curto prazo, deve-se ressaltar que, sendo elaborado, como vem ocorrendo, sem referência a um plano sócio-econômico global suficientemente estabelecido torna-se, afinal, um instrumento de eficácia restrita face à necessidade de uma atuação estratégica por parte do governo estadual.

Os principais elos de inter-relação da Secretaria de Economia e Planejamento com os demais órgãos da administração estadual são os respectivos Grupos de Planejamento Setorial - GPS, que deveriam garantir a execução e integração da função de planejamento e controle na rede da administração. De fato, os GPS funcionam mais como sistematizadores das propostas orçamentárias e transmissores de informações sobre o exercício do orçamento anual, sem que se lhes possa atribuir uma atividade de planejamento setorial propriamente dita.

A inexistência de um sistema formalizado e automatizado de informações termina por comprometer a atuação dos GPS, subordinando-os aos processos e mecanismos específicos de cada órgão. As atividades de coleta de informações - em geral por métodos assistemáticos - absorvem grande parte dos recursos dos GPS, restando-lhes pouco tempo para a análise das próprias informações.

Há uma defasagem entre a função de integração e difusão de sistemas de informações prevista para a Fundação SEADE, e a prática efetiva, no exercício da gestão. Os produtos do SEADE estão mais dirigidos para uma atividade de planejamento enquanto que a Secretaria de Economia e Planejamento concentra-se no exercício orçamentário. Por outro lado, às próprias informações elaboradas pelo SEADE faltam o referencial de um plano sócio-econômico global a que já nos referimos. É o caso, por exemplo, das informações elaboradas sobre os níveis de emprego, condições de vida etc. quando se pretende relacionar a evolução desses índices com o pretendido plano de atuação do Governo. O SIRG (Sistema de Realizações Governamentais) é a expressão mais clara desta defasagem. Especificamente orientado para o acompanhamento das realizações governamentais não consegue, no entanto, oferecer um quadro preciso das realizações efetuadas, comparadas ao que deveria estar anteriormente planejado. Além disso, as informações oferecidas por este sistema carecem de uma maior homogeneização, sendo apresentadas segundo critérios particulares das diversas Secretarias. É impossível, por exemplo, acompanhar, através desse sistema, o grau de realização do governo em comparação com as prioridades estabelecidas num plano pré-definido.

A Secretaria da Administração e Modernização do Estado de São Paulo, encarregada da gestão global dos meios humanos e materiais dentro da administração estadual, tem igualmente, o seu espectro de atuação limitado, quando referenciado à sua vocação no governo estadual.

Nas condições atuais, a administração dos recursos humanos do Estado, coordenada por esta Secretaria, é caracteristicamente rotineira e circunscrita às funções de manutenção - sobretudo àquelas com reflexos diretos nas folhas de pagamento -, em detrimento das funções estratégicas e de planejamento.

Dada a insuficiência de sistemas de informatização na administração dos recursos, mantem-se métodos e processos de trabalho obsoletos e insuficientes, para o volume de informações e documentos manipulados.

Em relação à Administração de Materiais, considerando o âmbito restrito de atuação desta Secretaria, não se pode dizer que ela tenha sequer condições legais para exercer, de fato, a administração de materiais dentro do Governo Estadual. A sua atuação nesta área tem se restringido à catalogação, registro e retirada de bens excedentes nas diversas Secretarias de Estado e Autarquias, para atender às solicitações de outras Secretarias, Prefeituras e Entidades Filantrópicas, através dos próprios excedentes ou da renda dos leilões realizados com o Fundo de Solidariedade do Governo.

O sistema de controle contábil do próprio Poder Executivo é limitado, e muitas vezes comprometido, pela ineficiência de certos mecanismos vigentes e pelo próprio processo inflacionário. Por outro lado, a Auditoria Geral do Estado, pelo fato de estar localizada na própria Secretaria da Fazenda, tem a sua capacidade de atuação condicionada estruturalmente.

As atribuições da **Secretaria de Governo** têm variado através das distintas administrações, tendo por isso uma estrutura organizacional e funcional caracteristicamente instável. Dentre as funções exercidas por esta Secretaria, à altura dos levantamentos realizados com esta pesquisa (1990), foram selecionados para análise dois setores - A Corregedoria Administrativa do Estado e o Departamento de Transportes Internos - pelas suas implicações no exercício do planejamento e controle dentro da administração estadual.

A Corregedoria Administrativa do Estado tem se dedicado mais a tarefas rotineiras, de verificação de regimes e jornadas de trabalho, do que a verificação de ocorrências mais significativas ou elaboração de normas e procedimentos preventivos. Já a gestão dos veículos automotores do Poder Executivo, a cargo do Departamento de Transportes Internos, tem enfrentado dificuldades, devidas à falta de pessoal qualificado e aos métodos e processos de trabalho, considerando-se o volume de informações manipuladas.

OS PROBLEMAS DE INTEGRAÇÃO INTERÓRGÃOS

A operacionalidade do ciclo de planejamento e controle depende, em larga medida, de uma estrutura organizacional adequada ao exercício destas funções na relação entre os diferentes órgãos que compõem o aparelho da administração.

A crescente complexidade e multiplicação das atividades desenvolvidas pelo Estado têm historicamente levado à criação de variados órgãos, diversificando o espectro de administração hoje atingido.

No que pese a diversidade na natureza da ação entre as distintas Secretarias, não há qualquer diferenciação formalmente estabelecida entre elas na estrutura organizacional vigente na administração estadual. A exceção do Conselho de Governo - órgão mais consultivo - também não se criaram níveis intermediários formais, destinados a dar uma maior eficiência ao próprio Gabinete do Governador. Ao contrário, observações realizadas demonstram que tem aumentado, através dos anos, a quantidade de órgãos que, na prática, estão subordinados diretamente ao Governador, tornando-se assim impossível a coordenação eficaz do conjunto da administração e enfraquecendo-se as Secretarias tutelares.

Não é tecnicamente exeqüível, nem socialmente desejável, que uma administração de tão largo espectro, cumpra, em relação a todos os órgãos e em igual medida, as mesmas funções de planejamento e controle. De acordo com a importância do setor específico de atividade, o montante de recursos envolvidos no exercício das distintas atividades, o peso delas frente ao dever de responsabilização de governo etc., faz-se necessária uma taxonomia dos órgãos da administração que estabeleça claros e definidos níveis de inter-relacionamento, autonomia e controle.

Naturalmente, uma caracterização e hierarquização dos órgãos da administração estadual por níveis de autonomia e controle depende da orientação dada à gestão. Dentro dos objetivos que orientaram este estudo - o da avaliação das estruturas e sistemas de suporte ao planejamento-controle e avaliação de desempenho - pode-se afirmar que a estrutura organizacional vigente não se adequa às exigências de uma administração fundada nos princípios de uma administração estratégica. Dentro deste enfoque devem ser ressaltados quatro problemas:

a) A Falta de Especificidade Organizacional entre Secretarias-Meio e Secretarias-Fim

Não há uma clara distinção entre Secretarias-Meio e Secretarias-Fim na estrutura da administração estadual, situando-se todas as Secretarias numa relação de igualdade formal, na estrutura organizacional pública. Na prática, funcionam níveis de hierarquização não sistematizados, suportados em mecanismos informais, experiências acumuladas, relações políticas e interpessoais dentro do círculo do Governo. Assim, o fato de distintos governadores terem, alternadamente, dado maior ênfase às Secretarias-Meio - Secretarias da Economia e Planejamento, Administração, Fazenda, Governo, a uma ou outra entre elas, - ou às Secretarias-Fim - Obras, Habitação, Saúde, Transporte, Educação etc., reflete mais estilos e orientações pessoais dos governadores em si, do que, propriamente, as exigências de um sistema de gestão formalmente estabelecido.

b) A Fragilidade da Secretaria de Planejamento

Convivem na prática da administração estadual dois sistemas de gestão, historicamente gerados em conjunturas diversas da evolução da administração estadual em São Paulo. O primeiro, mais antigo e arraigado na máquina administrativa, centrado na Secretaria da Fazenda e mais orientado para o controle contábil e gestão do "caixa" do Estado; o segundo, mais recente e pouco assimilado pela máquina administrativa, orientado para o planejamento, institucionalizado pela criação da Secretaria da Economia e Planejamento, fraco para impor o planejamento de médio e longo prazos no Governo do Estado. Na prática, a Secretaria da Economia e Planejamento tem seus recursos e esforços concentrados no monitoramento do Orçamento Programa Anual; sendo esta mesma função ainda disputada por setores da Secretaria da Fazenda que insistem na posição de que o Orçamento Programa Anual deveria voltar para a alçada da Fazenda. O fato de não haver uma ação claramente estabelecida e potencializada de planejamento a médio e longo prazos - o que torna qualquer planejamento a curto prazo irremediavelmente inconsistente - facilita ambiguidades na fronteira de separação entre as atribuições das Secretarias da Fazenda e da Economia e Planejamento.

c) A Fragmentação das Políticas de Governo entre as Diversas Secretarias

Nas condições atuais em que se implementam as políticas de cada área fim do governo - saúde, educação, obras, segurança etc. -, dá-se um processo de fragmentação das políticas públicas. De fato, as políticas específicas de cada área repousam fundamentalmente na pessoa dos Secretários tutelares, seus assessores imediatos e na relação do próprio Secretário com o Gabinete do Governador. Não há um colegiado de governo, propriamente dito, que funcione através do estabelecido Conselho do Governo ou outro órgão parecido. Há instrumentos mais potentes para o acompanhamento, por parte das Secretarias-Meio, sobre a atuação das Secretarias-Fim, dentro do referencial metas-meios-resultados.

d) Os Controles Desvinculados de uma Avaliação de Desempenho

Os controles estabelecidos na administração estadual estão orientados, quase que exclusivamente, para o controle de meios, sem que se realize uma política de meios propriamente dita - sejam meios humanos, materiais ou financeiros. Na verdade, no círculo vicioso dos controles de meios - não referenciados à eficácia e efetividade no uso dos próprios recursos - pouco se pode avançar no sentido de uma gestão planejada.

Esta questão torna-se tanto mais complexa quando referenciada no quadro atual do processo de descentralização de atividades, antes desenvolvidas na alçada da administração direta. O volume de recursos concentrados e geridos pelas entidades descentralizadas, sem formas eficazes e adequadas de controle por parte da administração direta, impõe a necessidade de se rever os sistemas atuais de controle, no sentido de potencializar a ação coordenadora e reguladora do governo estadual, nesta nova conjuntura de descentralização.

5. ESTRATÉGIAS PARA O FORTALECIMENTO DO CICLO DE PLANEJAMENTO - CONTROLE E AVALIAÇÃO DE DESEMPENHO

Procurou-se no capítulo anterior descrever e analisar o conjunto das estruturas e processos que abrangem as funções de planejamento e controle, em relação ao conjunto da administração estadual. A pesquisa realizada, seja através dos instrumentos legais que institucionalizam as funções analisadas como das entrevistas realizadas junto aos órgãos estudados, foi dirigida no sentido de identificar os aspectos que dificultam o exercício do planejamento e da avaliação de desempenho, como princípios básicos para a gestão governamental.

Apresentam-se, a seguir, algumas propostas para fortalecimento destes mesmos princípios, dentro dos seguintes aspectos:

- instrumentos de planejamento
- processo de elaboração dos Planos
- sistemas de informações de apoio
- avaliação de desempenho e revisão dos Planos

Quanto aos instrumentos de planejamento propõe-se:

- a elaboração - por parte da equipe central de governo - de diagnósticos sistemáticos acerca da conjuntura estadual e análises ambientais que forneçam parâmetros a toda a máquina administrativa, a representações da sociedade civil e à população em geral, para conhecimento do quadro de referência que orienta a administração do Estado;

- a generalização - nos diversos níveis da administração - da prática de elaboração de diagnósticos - setoriais, regionais, institucionais, estabelecendo-se sempre relações com os diagnósticos elaborados para o Estado como um todo.

- que os planos governamentais estejam orientados por um conjunto articulado e racionalizado de objetivos, formal e claramente expostos e justificados; e

- que os distintos níveis da administração sejam igualmente responsáveis pelo estabelecimento de claros objetivos de gestão, que se articulem e guardem correspondência com as prioridades e objetivos estabelecidos a nível do governo estadual como um todo;

- que todos os órgãos, empresas, fundações, autarquias, Secretarias de Estado, etc. - tenham definidas metas, ao menos anuais, para o serviço a ser prestado;

- que estas metas sejam traduzidas em indicadores, que projetem o desempenho ou rendimento dos meios - humanos, materiais e financeiros;

- a centralização da gestão em torno destas metas e indicadores, racionalizando-se assim o processo administrativo, unificando-se os distintos setores da administração na direção de desafios comuns;

- a elaboração de Planos Integrados Globais, Setoriais e Regionais conforme visto no capítulo III, para o Estado centrados na projeção dos serviços a serem prestados à população e no desempenho projetado para os meios;

- estes planos deverão ter abrangência anual e plurianual, nos termos estabelecidos pela própria Constituição, transformando-se assim em instrumentos amortecedores das soluções de continuidade típicas da administração pública no país;

- a extensão a todos os órgãos da administração estadual, da obrigatoriedade de elaboração dos seus planos específicos, garantindo-se a articulação e compatibilidade com os planos mais gerais, dos setores, região e Estado.

Quanto ao processo de elaboração dos Planos propõe-se:

- mecanismos claros de tomada de decisão na definição dos objetivos de governo, das metas e indicadores de desempenho projetados para a administração estadual;

- que os mecanismos de tomada de decisão quanto a objetivos e metas projetados nos distintos Planos estejam baseados na participação obrigatória - seja a nível de consulta, voto ou decisão final - de agentes internos e externos ao plano em questão;

- que a elaboração do Plano de Governo se dê apoiada na consulta e estreita ligação com o Poder Legislativo, alçada mais ampla de representação popular;

- a sistematização de consultas a outras organizações - além das governamentais - garantindo-se que os segmentos sociais diretamente envolvidos nas questões em causa sejam ouvidos;

- que se garanta uma discussão ampla e tecnicamente balizada acerca de distintas alternativas para a solução dos problemas;

- que se desenvolva mecanismos de ampla participaçao na determinação dos objetivos, metas e indicadores projetados entre os distintos níveis da escala hierárquica da máquina administrativa, de modo a criar pré-condições para o comprometimento de todos os funcionários;

- que se fortaleça os princípios e se aplique progressivamente a administração por consenso, fazendo-se suportar o Plano em mecanismos formalizados e extensivos de decisão;

- a divulgação sistemática dos planos gerais do governo e dos distintos setores e órgãos em particular;

- que tais planos sejam de fácil acesso a todos os interessados na sociedade;

- um esforço direcionado para a divulgação dos planos junto aos segmentos sociais diretamente envolvidos com as questões e áreas em causa.

Quanto ao sistema de informações de apoio aos Planos propõe-se:

- a montagem de um sistema de informações voltado ao apoio à decisão ao longo do processo de elaboração ou avaliação dos Planos;

- um sistema de informações integrado, a ponto de permitir consolidações em diversos níveis de agregação, bem como comparações setoriais;

- coerência de categorias, que permita comparações entre metas e resultados alcançados;

- flexibilidade, para permitir alterações nos parâmetros sempre que for necessário;

- aberturas, para que fatores externos significativos possam ser percebidos e eventualmente incorporados a qualquer etapa do processo;

- um sistema de informações apoiado em recursos materiais, humanos e tecnológicos compatíveis com o porte do mesmo;

- que seja voltado tanto para operação e manutenção, como para concepção e aperfeiçoamento de sistemas novos e em vigor;

- transparência através de divulgação, aos públicos definidos, de relatórios consolidados de acompanhamento e de resultados;

- que seja voltado aos aspectos físicos, tanto quanto aos financeiros e humanos;

- que apresente definição clara de responsabilidades quanto à entrega de dados e quanto à veracidade e precisão dos mesmos;

- integrado, partindo da iniciativa já existente do Modelo Estadual de Informática (Decreto nº 30432 de 14/06/89), que abrange os Centros de Informação das Secretarias, Autarquias, Empresas, Sociedades e Fundações, as Redes Lógicas Funcionais, a PRODESP, e a Rede de Informações do Governo do Estado.

Quanto a Avaliação de Desempenho e Revisão dos Planos propõe-se:

- objetivar e sistematizar as causas responsáveis pelos desvios observados entre os resultados obtidos e as metas e indicadores que estavam previstos;

- localizar as fontes responsáveis - níveis de governo, setores etc. - pela sub ou super estimativa das metas e indicadores;

- de acordo com as conclusões tiradas dessas avaliações, estabelecer parâmetros para uma determinação de metas e indicadores mais aproximados à capacidade real disponível;

- tornar conhecidos e dar o devido mérito aos êxitos comprovados de planejamento;

- identificar as falhas técnicas, pessoais, organizacionais etc., dos diversos agentes no planejamento, a fim de orientar programas de treinamento bem como introduzir modificações no próprio processo de determinação das metas e indicadores;

- reavaliar a potencialidade demonstrada pelos objetivos, até então postos em prática, tendo em vista a verificação do significado estratégico dos mesmos;

- reavaliar o caráter multiplicador daquelas linhas de ação experimentadas, face à necessidade de uma gestão a serviço do bem comum;

- reavaliar a viabilidade real de alcance daqueles objetivos; e

- envolver os distintos níveis da administração neste processo de reavaliação, dentro do princípio da participação, a fim de aumentar o grau de conhecimento e comprometimento de todos os agentes no exercício dos futuros objetivos.

BIBLIOGRAFIA

BARROS, Adhemar de - Plano de Desenvolvimento Integrado, São Paulo, IMESP, 1964

BARROS, José Roberto Mendonça - A Experiência Regional de Planejamento - in: LAFER, Beth Mindlin (org.). Planejamento no Brasil, São Paulo, Perspectiva, 1970.

CADERNOS FUNDAP - São Paulo, ano 2, nº 3, março/1982 - ano 5, nº 9, maio/1985

MARTINS, Luiz Antonio Arrôbas - A Reforma Administrativa em São Paulo, Sociedades Anônimas, 1967

MARTINS, Paulo Egydio - Uma Estratégia de Governo, São Paulo, IMESP, 1975

PINTO, Carvalho - Plano de Ação do Governo 1959-1963, Administração Estadual e Desenvolvimento Econômico-Social, São Paulo, IMESP, 1959 - II Plano de Ação, São Paulo, IMESP, 1962

REHFUSS, John - Public Administration as Political Process, New York, 1973, 247 p.

Secretaria de Economia e Planejamento - Problemas Emergentes do Estado de São Paulo, São Paulo, ANDES, 1976

SHARKANSKY, Ira - Administração Pública: A Formulação de Políticas nos Órgãos Governamentais, Rio de Janeiro, FGV, 1974

SODRÉ, Abreu - Mensagem à Assembléia Legislativa, São Paulo, IMESP, 1967

CAPÍTULO VI

AVALIAÇÃO DE DESEMPENHO NO SETOR PÚBLICO

Hélio Janny Teixeira
Roy Martelanc
Solange Maria Santana

1. ADMINISTRAR COM BASE EM RESULTADOS 85

2. PROBLEMATIZANDO A AVALIAÇÃO DE DESEMPENHO NA GESTÃO PÚBLICA 86

3. METODOLOGIA PARA O DESENVOLVIMENTO DE SISTEMAS DE AVALIAÇÃO DE DESEMPENHO 87

4. CONSIDERAÇÕES FINAIS 93

1. ADMINISTRAR COM BASE EM RESULTADOS

Os processos de modernização da gestão pública têm desenvolvido uma tendência comum, ao menos nos países com resultados mais satisfatórios: a gestão se concentra no esforço para garantir a qualidade da ação pública; para isto, explicitam-se quadros de referência, definem-se parâmetros e indicadores de desempenho, e se estabelecem sistemas de acompanhamento, controle e avaliação dos mesmos, que orientam o gerenciamento e facilitam a interlocução entre governantes, especialistas e usuários. Dá-se assim, um redirecionamento nos sistemas de administração pública, superando-se os modelos baseados em controles isolados dos meios - sejam humanos, materiais, financeiros - ao mesmo tempo em que se delineiam modelos de administração mais centrados no eixo da avaliação - qualitativa e quantitativa - do serviço prestado.

A preocupação com resultados instaura uma nova dinâmica nos sistemas de gestão e se impõe, por si mesma, como um fator de transformação no contexto da administração pública tradicional, acostumada a pensar nos insumos de que considera necessitar, mas quase nunca no produto das suas ações concretas.

Um sistema de indicadores, adequadamente definido, funciona como um instrumento de racionalização e modernização da gestão. Ele delimita o campo observável da ação a ser desenvolvida, facilitando a identificação dos objetivos e metas a serem perseguidos por uma organização ou área governamental; propicia a concentração de esforços, na medida em que define objetivamente os resultados esperados e, conseqüentemente, os meios para alcançá-los. Permite que os diversos agentes tenham mais claros os critérios pelos quais estão sendo avaliados; e, sobretudo, cria condições para que a população de um modo geral, e o usuário em particular, possa conhecer o desempenho do setor.

2. PROBLEMATIZANDO A AVALIAÇÃO DE DESEMPENHO NA GESTÃO PÚBLICA

No momento atual, em que a sociedade brasileira procura rever e até redefinir o papel dos seus diversos agentes, tanto públicos como privados, torna-se fundamental a análise e compreensão do desempenho dos mesmos. Sem isto, as propostas de redefinição carecem de maior sustentação nas evidências dos fatos.

A avaliação de desempenho se inscreve atualmente, entre os instrumentos modernos de gestão, como uma das ferramentas mais promissoras no processo de legitimação e racionalização do aparelho administrativo do Estado.

Até recentemente a questão da avaliação de desempenho na área pública era tida como algo secundário. O papel decisivo desempenhado pelo Estado na recondução das economias de vários países no pós-guerra, a conjuntura de crescimento econômico que se instalava, retardou, por muito tempo, o desenvolvimento e a aplicação de modelos de análise e avaliação de desempenho no setor público.

No entanto, a partir dos anos 60-70, este quadro vem se transformando consideravelmente, consolidando-se, em países como a Inglaterra, França, Estados Unidos, Alemanha, Japão, países escandinavos, etc. a tendência para o exercício da gestão pública já em novas bases.

O setor público é, agora, encarado, acompanhado e avaliado como um agente que tem a necessidade de fazer escolhas e de legitimá-las face à sociedade.

Uma primeira questão se coloca face a qualquer avaliação neste setor: qual a natureza das escolhas feitas pelo aparelho do Estado, dentre as alternativas possíveis de políticas públicas?

A legitimidade da ação pública torna-se tanto mais complexa quanto mais se avança no processo de modernização e democratização das sociedades atuais, em que o Estado atua frente a interesses variados e, não poucas vezes, conflitantes. Por isso mesmo, a avaliação de desempenho pode enfrentar imensas dificuldades, a partir da atitude dos próprios servidores públicos que podem chegar a apresentar interesses corporativos.

Ao mesmo tempo, há que se enfrentar as dificuldades próprias da montagem de modelos e instrumentos de avaliação. Aqui o maior desafio é mudar o eixo da avaliação: de uma avaliação centrada no controle de meios - em geral, ela mesma desarticulada - para uma avaliação orientada para a análise do serviço efetivamente prestado, centrada na relação serviço planejado - desempenho alcançado.

3. METODOLOGIA PARA O DESENVOLVIMENTO DE SISTEMAS DE AVALIAÇÃO DE DESEMPENHO

A elaboração e implementação de um sistema de avaliação de desempenho implica numa profunda transformação de métodos e procedimentos gerenciais, com grande impacto sobre os sistemas de gestão. Os processos envolvidos com a definição e desdobramento de metas e indicadores, com o desenvolvimento do controle e avaliação dos mesmos, e com a sua divulgação, envolvem questões essenciais, em particular na área pública.

O modelo, no Quadro 6, a seguir, permite visualizar os principais componentes de um modelo genérico de avaliação de desempenho.

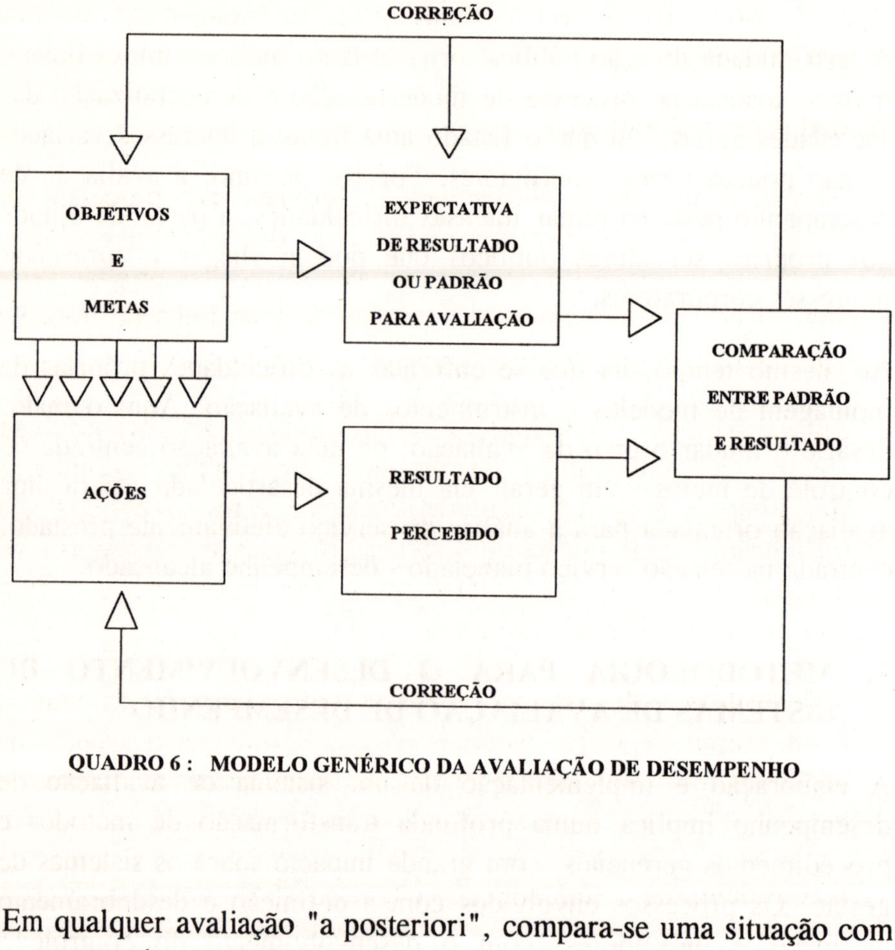

QUADRO 6 : MODELO GENÉRICO DA AVALIAÇÃO DE DESEMPENHO

Em qualquer avaliação "a posteriori", compara-se uma situação com as expectativas anteriores quanto a essa mesma situação. Quando o que avaliamos são os resultados de uma ação, a avaliação passa a ser do desempenho dessa ação.

Ao avaliarmos o desempenho de uma ação, comparamos os resultados percebidos com a expectativa, após o que, a ação, a expectativa, metas e ou os objetivos podem ser corrigidos. A alteração dos objetivos é usualmente um processo menos freqüente; quanto mais consolidados estiverem, menos provável será sua modificação. Já as metas renovam-se em períodos mais curtos, a depender do horizonte de tempo que se usa no planejamento de uma determinada ação.

Abordagem metodológica

A complexidade e as dificuldades inerentes ao processo de montagem de um sistema de avaliação de desempenho excluem, naturalmente, a possibilidade de se aplicarem receitas prontas neste campo. O critério de sucesso é a adoção de uma linha de trabalho que privilegie os seguintes procedimentos metodológicos:

- **uma estratégia participativa na montagem do sistema**, que envolva administradores dos escalões mais altos, gerentes e funcionários. A participação dos próprios agentes envolvidos com uma ação, na definição do sistema de metas e indicadores de desempenho da mesma, é a melhor garantia do comprometimento com o sistema de avaliação estabelecido.

- **a flexibilidade do sistema** - a abertura para alteração de metas e a introdução de novas metas é essencial para que o sistema de gerência responda às exigências do seu ambiente interno e externo.

- **a simplicidade** - é fundamental que um sistema de avaliação seja facilmente compreendido e acessado pelos diversos agentes envolvidos e usuários, sem prejuízo da sua segurança e confiabilidade.

- **aproximações sucessivas** - adequabilidade de um sistema desta natureza só se consegue por aproximações cumulativas; é conveniente que se adote uma estratégia apoiada na implantação de protótipos que, testados e validados inicialmente em contextos restritos, vão se expandindo, incorporando modificações sempre que se façam necessárias.

Etapas na elaboração do sistema

O desenvolvimento de um sistema de avaliação de desempenho pressupõe a observação de algumas etapas essenciais:

- **a sistematização de um quadro de referência acerca da missão, objetivos e clientela** da organização ou área de atuação a que se destina o sistema em desenvolvimento.

- **a definição das dimensões de atuação e módulos** segundo os quais a ação da organização ou área em questão pode ser decomposta de modo a permitir uma melhor apreensão do seu desempenho.

- **a definição dos parâmetros e indicadores** - os sistemas de avaliação de desempenho baseiam-se, de uma forma ou de outra, em conjuntos sistematizados de parâmetros e indicadores, que alimentam procedimentos estabelecidos de acompanhamento, controle e avaliação. Por **parâmetros** entende-se elementos referenciais para a ação, aspectos que condicionam e interferem numa área de atuação ou organização, mas que estão fora do controle gerencial naquele nível; já os **indicadores** referem-se a aspectos gerenciáveis pela própria área de atuação ou organização. No caso de uma empresa de energia, por exemplo, o número de residências que carecem de luz elétrica constitue-se num parâmetro para a empresa que atua naquela região; o número de novas ligações feitas por esta mesma empresa é um indicador do seu desempenho. Numa escola X, a origem social dos alunos que a freqüentam é um parâmetro para a ação pedagógica daquela escola, enquanto que a taxa de retenção desses mesmos alunos é um indicador de desempenho da escola. É necessário escolher um conjunto de indicadores que demonstrem os aspectos relevantes daquilo que se deseja avaliar. Ao definir-se o sistema de parâmetros e indicadores, se define também a metodologia para o levantamento das informações necessárias para a elaboração dos mesmos.

- **definição dos padrões** a seguir deve-se passar à fase da definição dos padrões, isto é, a coleta e sistematização de indicadores de desempenho comparativos; seja uma série histórica referente à mesma organização ou área de atuação, seja referente a congêneres, nacionais ou internacionais, considerados padrões ideais ou viáveis como quadros de referência para a organização ou área de atuação de que se trata. Comumente, usa-se quatro formas principais de comparação: **Realizado X Planejado**: é a comparação com metas previamente definidas; **Realizado Atualmente X Realizado no Passado**: é a comparação com resultados históricos, atentando-se, naturalmente, para fatores intervenientes que possam explicar eventuais resultados atípicos. **Realizado X Ideal**: é a comparação com um padrão absoluto, considerado ótimo, independente de fatores limitantes; **Realizado por uma Organização ou Área de Atuação X Realizado por congêneres**: é a comparação com o universo das organizações ou áreas semelhantes.

- **Avaliação e retroalimentação** - nesta altura é feita uma avaliação abrangente da organização ou área de atuação em suas dimensões fundamentais e como um todo. Para isso faz-se necessária uma agregação dos indicadores de desempenho pois, conforme reduzimos o número de dimensões a considerar, o entendimento global fica facilitado, embora os detalhes possam ser diluídos. Nesta etapa, é desejável a agregação dos indicadores em conjuntos mais fáceis de analisar. Num estágio mais avançado, estes conjuntos podem ser agregados em um único indicador global de desempenho que deverá resultar, naturalmente, de um processo de aproximação, conhecimento e elevado domínio de análise sobre a realidade em questão.

A possível agregação linear usada para formar fatores, equivale à média aritmética ponderada das avaliações. É recomendável que haja um número considerável de indicadores por fator, pois assim se atenua o efeito de um indicador isolado.

Já ao agregarmos os fatores, quando não desejamos que o resultado baixo de um fator seja compensado pelos demais, devemos escolher uma média geométrica.

Com a coleta e análise do conjunto de informações sobre os vários indicadores é ampliada a visão do desempenho de cada unidade ou setor de atuação. Nesta análise, é importante que se identifique:

. qual o comportamento dos indicadores levantados em relação aos padrões comparáveis;

. quais as relevâncias - positivas e negativas - dentre os resultados alcançados;

. quais as causas, de natureza interna e externa, que determinaram tais resultados;

. quais as conseqüências dos resultados observados para o futuro da organização ou área de atuação, e que medidas gerenciais devem ser tomadas para corrigir ou fortalecer os aspectos ressaltados.

4. CONSIDERAÇÕES FINAIS

É necessário reduzir o desencontro, na prática da administração pública brasileira, entre avaliação política - infelizmente reduzida entre nós à soma de votos - e a avaliação do desempenho político-administrativo, decorrente de atos nem sempre aparentes e visíveis a curto prazo.

A transparência das ações públicas é essencial para o funcionamento das instituições democráticas; sem isto torna-se impossível uma participação efetiva da população nas decisões tomadas pelo poder público, bem como o controle dos resultados das suas ações.

Nas circunstâncias atuais da administração brasileira, faltam canais adequados para que os cidadãos façam ouvir suas reivindicações e possam ter acesso ao que efetivamente ocorre dentro dela. Isto concorre, em parte, para o sentimento de desinformação e insatisfação que se observa no seio da população em relação à administração pública.

A avaliação de desempenho pode contribuir para a reversão desta situação pela institucionalização de uma avaliação formal e objetiva, clara, e útil aos envolvidos diretamente com o serviço público e à sociedade em geral.

Nos próximos capítulos serão apresentados dois exemplos de sistemas de indicadores desenvolvidos, respectivamente, para a gestão das empresas de energia e das escolas da rede estadual de ensino do Estado de São Paulo.

BIBLIOGRAFIA

FRAISSE, Jean; BONETTI, Michel; GAULEJAC, Vincent de - L'Evaluation Dynamique des Organizations Publiques, les Éditions D'Organization, Paris.

Indicadores de Modernização Administrativa (1ª parte), Revista de Administração Pública, Rio de Janeiro, 1979

CAPÍTULO VII

INDICADORES DE DESEMPENHO DAS EMPRESAS DE ENERGIA

Hélio Janny Teixeira
Roy Martelanc
Sérgio Mattoso Salomão
Solange Maria Santana

1. O PROJETO 96
2. CONTEXTUALIZANDO A AVALIAÇÃO DE DESEMPENHO DAS ESTATAIS 98
3. AS EMPRESAS DE ENERGIA E SEU AMBIENTE 101
4. MISSÃO E OBJETIVOS DAS EMPRESAS DE ENERGIA DO ESTADO DE SÃO PAULO 102
5. DEFINIÇÃO DOS MÓDULOS E INDICADORES PARA A AVALIAÇÃO DE DESEMPENHO 103

Apêndice 1: Conceitos e Fórmulas dos Indicadores - Módulo 1 - Atendimento ao Consumidor 109

Texto elaborado com base em trabalho de consultoria realizado durante 1986, no âmbito da FIA, junto à CESP e demais empresas de energia de São Paulo. Os trabalhos de consultoria foram coordenados pelo Prof. Hélio Janny Teixeira e contaram com a participação dos seguintes consultores: Prof. Eduardo Pinheiro Gondin de Vasconcellos, Prof. Hamilton Luiz Correa, Prof[a] *Eunice Lacava Kwasnicka, Prof. Julio Colombi Neto, Pierre Ohayon, Caio de Barros Brisolla Junior, Lídia Maria Hugueney Ricó, Marcelo Ferreira Fontes, Maria Odeth Pereira de Almeida Teixeira, Roy Martelanc, Sérgio Mattoso Salomão, Paulo Augusto C. F. Certain. Os autores do presente capítulo reconhecem os créditos pelo desenvolvimento dos indicadores à mencionada equipe.*

1. O PROJETO

A situação atual das empresas públicas é preocupante pois além de uma autonomia mal definida, que acarreta controles externos rígidos, crescentes e antagônicos, dificultadores da gestão e responsabilização dos dirigentes; há uma avaliação insuficiente quanto ao atingimento dos objetivos básicos dessas mesmas empresas.

Esta situação pode ser revertida com a institucionalização de um novo sistema de avaliação de desempenho, claro e útil as próprias entidades, e também à sociedade em geral, que solicita cada vez mais transparência e legitimidade no uso dos recursos públicos.

Avaliar organizações não é tarefa simples. As organizações são sistemas sociais com múltiplos objetivos, processadores de recursos variados, na presença de possibilidades e limitações de diferente natureza. Esta situação típica tem suas características acentuadas na atuação do Governo e na das empresas públicas de modo particular.

A insuficiência das avaliações das empresas públicas tem facilitado o crescimento de distorções institucionais e a perda de identidade das mesmas. As estatais têm sofrido restrições pouco articuladas e mesmo impróprias à sua autonomia, mostrando claramente a necessidade de revisão das sistemáticas atuais de avaliação, que desloquem e ampliem os focos do controle externo.

Em particular, o setor de energia elétrica no Estado de São Paulo apresenta relações institucionais extremamente complexas, com regulamentações densas e exigências não só internas, feitas pelo DNAEE, ELETROBRÁS e outros órgãos, como também por outras entidades governamentais, federais como a SEPLAN - Secretaria de Planejamento; estaduais como CODEC - Conselho de Defesa dos

Capitais do Estado, CED - Coordenadoria das Entidades Descentralizadas, e até mesmo municipais.

Neste contexto, fica difícil aquilatar a responsabilidade das empresas do setor quanto a questões de mercado, tarifas, níveis de investimento, empréstimos, gestão de recursos humanos etc.

A eficácia das empresas de energia, dentro de um quadro de restrições e orientações colocados pelos poderes públicos e pela sociedade, só pode ser alcançada mediante um diálogo continuado, sustentado por um sistema de informação com o qual todos estejam compromissados e no qual confiem.

Enfrentando este desafio, foi conveniado, em 1986, um projeto entre a CESP e a FIA-USP, pelo qual um grupo de consultores desenvolveram, através de um processo de integração e complementação com profissionais do setor, um conjunto de indicadores dentro de um modelo conceitual de análise para a avaliação do desempenho das empresas do setor elétrico do Governo Estadual de São Paulo.

Os trabalhos realizados incluíram as seguintes atividades:

- levantamento e análise dos indicadores usuais do setor de energia, com a seleção de determinados indicadores;

- análise de metodologias em uso para avaliação de desempenho de estatais no Brasil;

- formulação de um modelo de avaliação com base nos indicadores definidos;

- geração de um conjunto de indicadores adicionais, consensuados entre os responsáveis em cada empresa e a equipe da FIA-USP;

- confecção de um manual para a elaboração e levantamento dos indicadores;

- coleta de dados para os anos analisados (1981-1986), em várias etapas e com sucessivas revisões;

- análise dos indicadores, através de interação intensa com as empresas, visando a obter explicações para as variações nos índices e para colher subsídios para eventuais aprimoramentos desejáveis.

Neste trabalho fazemos uma apresentação do modelo conceitual desenvolvido, detalhando o sistema de indicadores formulado no âmbito do referido projeto.

2. CONTEXTUALIZANDO A AVALIAÇÃO DE DESEMPENHO DAS ESTATAIS

Apesar de esforços isolados, não há ainda, na área pública, estrutura coerente e explícita para avaliação que contemple de forma sistemática os "pontos-chaves" da atuação das estatais. Isto tem gerado dificuldades de integração entre as estatais e seus inúmeros controladores externos, como poder concedente, tribunais de contas, secretarias de estado, etc.

Dentro deste cenário, são comuns na sociedade colocações negativas quanto ao desempenho das estatais, sem que estas, como grupo e mesmo individualmente, possam demonstrar de forma clara os fundamentos, resultados e dimensões do seu real desempenho.

A questão da avaliação de desempenho das estatais, num prisma mais amplo, deve ser inscrita no complexo quadro das relações entre aparelho de estado e sociedade, dentro de um cenário de alternativas de controle social efetivo.

As experiências de avaliação de desempenho no setor público podem ser divididas em dois grandes blocos. O primeiro comporta as tentativas dos poderes executivos de implantação de sistemas integrados de avaliação de desempenho e de controle dos grandes agregados. O segundo é representado pelos esforços de auto-avaliação empreendidos pelas próprias empresas estatais.

Dentre os sistemas idealizados pelos poderes executivos, interessam-nos, particularmente, os que procuram avaliar e/ou controlar o desempenho da organização como um todo. O que faz com que estes sistemas pertençam a uma mesma categoria não é o fato de sua idealização ser iniciativa do poder executivo, mas sim a sua natureza agregada, que exige notáveis graus de integração e padronização das informações coletadas em cada organização. Estas exigências tornam praticamente impossível o respeito às especificidades de setores e empresas, diminuindo a utilidade de cada tentativa e aumentando o esforço necessário à implantação.

A agravar esta situação, encontram-se as mudanças de governo, cada qual com modelos próprios e com o desejo de implantar suas inovações. A inconstância destas propostas, o baixo grau de participação das empresas em questão na definição dos modelos e a percepção de que arcarão apenas com os ônus da avaliação, prejudicam o desenvolvimento dos sistemas, desmotivando os responsáveis pelo envio das informações.

O redirecionamento destes sistemas passa por decisões de reestruturação, de larga amplitude, as quais não nos cabe discutir neste momento. Parece claro, contudo, que estes sistemas carecem, a par de seus méritos técnicos, de maior articulação, coerência e compromisso com a continuidade. Desta forma, torna-se-ia menos penoso o cumprimento das exigências feitas às empresas que, dada sua natureza, devem conviver com a multiplicidade de controles e avaliações.

O segundo grande bloco de avaliações de desempenho de empresas públicas comporta os modelos desenvolvidos e/ou adotados no âmbito das próprias empresas ou dos "sistemas" ou "holdings" compostos por empresas similares.

Para fazerem frente às críticas de que são alvo constante, para demonstrarem o cumprimento de suas funções originais, para compensarem as avaliações que o Poder Executivo não tem conseguido implantar a contento, ou simplesmente para terem condições de monitorar e controlar seu próprio trabalho como organização, algumas empresas estatais têm tomado a iniciativa no desenvolvimento de modelos de avaliação de desempenho. Estes modelos não seguem um padrão único. Ao contrário, dado seu caráter eminentemente experimental, têm assumido configurações próprias e específicas.

A dinâmica adequada ao progresso na avaliação de desempenho num sistema democrático envolve múltiplos movimentos, com a participação ampla de segmentos da sociedade. Na verdade, há vários empecilhos à implantação de sistemas de controle e de outros mecanismos de fomento à transparência e participação.

As organizações públicas interagem em redes complexas, em geral disputando espaços e recursos escassos. Desta forma, em muitos casos beneficiam-se com o sigilo, diminuindo a troca de informações. Há certa tendência a evitar a exposição voluntária para, conseqüentemente, proteger a empresa da utilização de informações de maneira incompatível com seus interesses. Em muitos casos, a própria incongruência dos controles externos obriga as empresas a lançarem mão de artifícios para contorná-los. Este fato é patente nos casos das contratações de mão-de-obra temporária ou de serviços de terceiros, por exemplo. Por outro lado, por evitarem colapsos, estes artifícios acabam por referendar indiretamente os controles na forma em que se apresentam, alimentando um círculo vicioso, com o qual todos procuram conviver.

Este círculo pode ser quebrado, mas é difícil de ser revertido de forma unilateral, o que abriria espaços a críticas e intervenções incidentes somente sobre um agente, punindo o eventual pioneiro bem intencionado.

Reverter esta situação, rever a natureza do modelo vigente de gestão e, conseqüentemente os limites da autonomia e responsabilidades públicas certamente passa pela necessidade de novos modelos e conceitos para avaliações de desempenho.

3. AS EMPRESAS DE ENERGIA E SEU AMBIENTE

A CESP, a CPFL, a ELETROPAULO e a COMGÁS são responsáveis pelo fornecimento de energia elétrica, no caso das três primeiras, e de gás canalizado, no caso da COMGÁS.

A CESP gera energia hidroelétrica, distribui uma parte e transfere o restante às demais. A CPFL e a ELETROPAULO são predominantemente distribuidoras de energia elétrica e a COMGÁS distribui gás canalizado fornecido por outras empresas.

Os mecanismos institucionais para controle das empresas estatais derivam de uma gama de órgãos que exercem diversos tipos de intervenções e atuam de maneira pouco articulada.

Além do controle exercido através de auditorias internas, conselho fiscal ou mesmo assembléia geral de acionistas, no caso das sociedades anônimas, há outros órgãos, tais como secretarias especiais de controle, Tribunais de Contas, comissões do Congresso Nacional, etc., que fiscalizam vários aspectos relativos à administração das empresas estatais. O órgão encarregado da coordenação da política global do setor energético é o Conselho Superior de Energia, que desempenha uma função de apoio ao Ministro das Minas e Energia. O poder concedente dos serviços de energia é a União, que pela Constituição tem competência para regulamentar, fiscalizar e outorgar concessões.

4. MISSÃO E OBJETIVOS DAS EMPRESAS DE ENERGIA DO ESTADO DE SÃO PAULO

Tendo como base os objetivos gerais das entidades públicas, identificou-se os objetivos gerais das Companhias Energéticas de São Paulo como sendo:

- **Atendimento do objetivo básico da entidade**: fornecimento de energia sob a forma de eletricidade ou gás encanado, ou outra modalidade, respectivamente na área de concessão e de atuação, em termos de:

  . atendimento de toda a demanda existente e potencial;

  . regularidade do fornecimento, seja em relação aos cortes no fornecimento, seja em relação às características físico-químicas da energia.

- **Eficiência**: atendimento do objetivo básico e com os mínimos custos operacionais possíveis, levando em conta fatores como as perdas de energia e a ociosidade dos sistemas. Envolve também o desenvolvimento do sistema de recursos humanos e do sistema financeiro das Companhias Energéticas.

- **Contribuições especiais ao desenvolvimento Sócio-Econômico**: este objetivo coloca-se para as Companhias Energéticas de São Paulo, em termos de:

. apoio à indústria nacional;

. fornecimento de energia elétrica subsidiada ou gratuita em regiões de baixa renda, notadamente em favelas urbanas;

. incentivo à inovação tecnológica;

. cooperação nacional e internacional, com o intuito de intercambiar experiências e tecnologia com outras entidades.

- **Satisfação geral do público**: corresponde ao grau de satisfação da população residente nas áreas de atuação das empresas com os serviços prestados pelas mesmas.

5. DEFINIÇÃO DOS MÓDULOS E INDICADORES PARA A AVALIAÇÃO DE DESEMPENHO

A partir da identificação dos objetivos das Companhias, definiu-se os módulos que comporiam o sistema de avaliação e quais os indicadores neles contidos.

Os módulos e indicadores afinal propostos foram definidos num processo de aproximações sucessivas, em reuniões com a participação de 45 representantes especializados das empresas e de membros da equipe de consultoria.

A seguir são descritos sinteticamente cada um dos módulos componentes do sistemas:

Módulo 1 - Atendimento do Consumidor

Este módulo mede a qualidade dos serviços prestados e o grau de atendimento do mercado, através de indicadores tais como o número de consumidores e o consumo propriamente dito, o acréscimo de ligações e a freqüência das interrupções no fornecimento. Os dados foram divididos entre os consumidores residenciais, industriais e comerciais. As diferenças entre as empresas de energia elétrica e a de gás originaram indicadores diferentes para cada caso.

Módulo 2 - Eficiência Operacional

Este módulo permite medir a produtividade das Empresas. Para tanto, definiu-se alguns indicadores que determinam a capacidade de produção/distribuição, e outros que medem a eficiência através da relação entre dados, tais como: relação consumidor/empregado, índice de perdas, custos operacionais. As diferenças entre as empresas de energia elétrica e a de gás originaram também indicadores diferentes para cada caso.

Módulo 3 - Econômico-Financeiro

Para a mensuração da situação econômica-financeira, foram adotados indicadores que demonstram a situação financeira das empresas em termos da capacidade de geração de recursos, liquidez, endividamento e uso dos recursos.

Módulo 4 - Recursos Humanos

Para que as Empresas possam atingir seus objetivos é necessário que aos seus investimentos se alie uma administração eficiente de seus Recursos Humanos. Este módulo apresenta aspectos associados à evolução do quadro de pessoal das Empresas, especificados através de indicadores como o número total de empregados, absenteísmo, esforço com benefícios e custo médio por empregado.

Módulo 5 - Relação com o Setor Privado

Para seu funcionamento, as Empresas dependem de insumos fornecidos pelo setor privado. Assim, este módulo reflete o nível de relacionamento entre as Empresas de Energia e o Setor Privado, através de indicadores como o índice de aquisição com o setor privado, geração de empregos diretos e o número de fornecedores deste setor.

Módulo 6 - Atuação em Áreas de Baixa Renda

Um dos objetivos das Empresas de Energia do Estado de São Paulo é assegurar o atendimento a programas de cunho social e de desenvolvimento regional. Este módulo mede a ação das Empresas em programas específicos para a população de baixa renda, através dos indicadores de Ligações Especiais Urbanas e Iluminação Pública em Favelas.

Módulo 7 - Inovação Tecnológica

A inovação tecnológica contribui para modernizar e aumentar a eficiência dos sistemas energéticos, racionalizar os usos finais de energia, diminuir a pressão da demanda sobre as fontes de energia convencionais, desenvolver bens e serviços potencialmente promotores de diversificações das fontes de receita e fortalecer a indústria nacional.

Para medir os esforços das Empresas com o desenvolvimento tecnológico, definiu-se este módulo que mostra basicamente o número de patentes obtidas, a relação entre o dispêndio total em P&D e a receita operacional bem como a participação das despesas internas em P&D em relação ao dispêndio total em P&D.

Módulo 8 - Cooperação Nacional e Internacional

As empresas de Energia do Estado de São Paulo desempenham um papel relevante no desenvolvimento do setor, cooperando com as demais empresas nacionais. Esta cooperação também ocorre a nível internacional. Este módulo mede tal cooperação, através de indicadores como a cooperação com outros Estados e Países.

No Quadro 7 a seguir tem-se o conjunto dos indicadores, por módulos, componentes do sistema e no apêndice deste capítulo estão, a título de exemplo, os conceitos e fórmulas envolvidos nos indicadores do módulo 1 - Atendimento ao Consumidor.

MÓDULO	INDICADORES PARA CESP, CPFL E ELETROPAULO	INDICADORES PARA A COMGÁS
1. ATENDIMENTO CONSUMIDOR	- Composição do Mercado - Auxílio-Construção - Novas Ligações - Expansão de Linhas de Distribuição - DEC - FEC - Atendimento à Propriedade Rural	- Consumo por Classe - Número de Consumidores por Classe - Rede de Distribuição - Acréscimo de Ligações - Assentamento de Tubos - Inativos - Falta de Gás - Qualidade de Produção - Gás Fora de Padrão de Qualidade - Prazo de Atendimento para Vazamentos - Prazo de Atendimento para Novas Ligações e Assistência Técnica - Satisfação do Consumidor
2. EFICIÊNCIA OPERACIONAL	- Produção, Transmissão e Compra de Energia - Linhas de Distribuição - Custo Operacional do MWh Gerado - Custo Operacional do MWh Vendido - Custo Operacional do MWh Comprado - MWh Vendido por Empregado - Receita por Empregado - Relação Consumidor/ Empregado - Relação Pessoal Administrativo/ Total de Pessoal Relação entre Despesas com Pessoal Administrativo e Despesas Totais com Pessoal - Perdas	- Produção - Capacidade de Produção - Custo Operacional do Mil m^3 Gerado - Gás de Nafta - Custo Operacional do Mil m^3 Vendido - Gás de Nafta - Eficiência da Rede - Volume de Gás Vendido por Empregado - Relação Receita/Empregado - Relação Consumidor/Empregado - Relação Pessoal Administrativo/ Total de Pessoal - Relação entre Despesas com Pessoal Administrativo e Despesas Totais com Pessoal

QUADRO 7: MÓDULOS E INDICADORES DO SISTEMA DE AVALIAÇÃO DE DESEMPENHO

(cont.)

MÓDULO	INDICADORES COMUNS PARA AS EMPRESAS
3. ECONÔMICO-FINANCEIRO	- Componentes do Balanço - Liquidez Corrente - Capitalização Própria - Índice de Endividamento - Cobertura da Dívida - Taxa de Remuneração legal - Margem Operacional do Serviço - Taxa de Retorno do Patrimônio Líquido - Giro do Ativo - Grau de Obras em Andamento - Valor Patrimonial da Ação
4. RECURSOS HUMANOS	- Número Total de Empregados - Número de Empregados Fora da Força de Trabalho - Absenteísmo - Rotatividade da Empresa - Esforço com Benefícios - Salário Médio - Custo Médio por Empregado - Acidentes do Trabalho
5. RELAÇÃO COM O SETOR PRIVADO	- Índice de Aquisição com o Setor Privado - Índice de Aquisição no Mercado Interno - Geração de Empregos Diretos - Fornecedores do Setor Privado - Número de Consultas Emitidas no Período
6. ATUAÇÃO EM ÁREAS DE BAIXA RENDA	- Ligações Especiais Urbanas - Iluminação Pública em Favelas
7. INOVAÇÃO TECNOLÓGICA	- Relação entre Dispêndio Total em P&D e Receita Operacional - Participação das Despesas Internas em P&D em Relação ao Dispêndio Total - Número de Patentes Obtidas - Patentes em Andamento Requeridas - Patentes em Estudo no INPI
8. COOPERAÇÃO NACIONAL E INTERNACIONAL	- Cooperação com Outros Estados - Cooperação com Outros Países - Formação de Mão-de-Obra para as Empresas - Horas Cedidas para Outras Empresas

QUADRO 7: MÓDULOS E INDICADORES DO SISTEMA DE AVALIAÇÃO DE DESEMPENHO

APÊNDICE: CONCEITOS E FÓRMULAS DOS INDICADORES DO MÓDULO - ATENDIMENTO AO CONSUMIDOR

Dentro dos objetivos de desenvolver e implementar o sistema de avaliação de desempenho para as Empresas de Energia do Estado de São Paulo, produziu-se também um Manual de orientação para o levantamento dos dados e a elaboração dos indicadores de desempenho integrantes do sistema desenvolvido. A título de demonstração apresenta-se, a seguir, um detalhamento acerca da composição do Módulo - Atendimento do Consumidor.

MÓDULO 1 - ATENDIMENTO AO CONSUMIDOR

MEDE O NÍVEL DE SATISFAÇÃO DO CONSUMIDOR, A QUALIDADE DOS SERVIÇOS OFERECIDOS E O GRAU DE ATENDIMENTO DO MERCADO

	INDICADOR	FORMA DE MEDIR/ UNIDADE	VALORES ANUAIS	ELEMENTOS DA FÓRMULA/ ESCLARECIMENTOS	FUNÇÃO DO INDICADOR
a.	COMPOSIÇÃO DO MERCADO CONSUMO POR CLASSE				
a1.	Residencial	GWh		Números absolutos que demonstram, através de série histórica, o comportamento e configuração do mercado.	Mostrar a composição do mercado de energia Elétrica.
a2.	Industrial (1)	GWh			
	EGTD medido	GWh			
a3.	Comércio e Serviço	GWh			
a4.	Total (2)	GWh			
NÚMERO DE CONSUMIDORES					
a5.	Residencial	unid. (mil)			
a6.	Industrial	unid.			
	EGTD	unid.			
a7.	Comércio e Serviço	unid. (mil)			
a8.	Total	unid. (mil)			
a9.	Consumo/Área	KWh/Km^2			
a10.	Consumidor/Área	$N^oConsum./Km^2$			

(1) Consumo industrial inclui o EGTD medido.

(2) Inclui o EGTD industrial medido e o comercial faturado.

(*) N=Numerador (*) D=Denominador

(cont.)

MÓDULO 1 - ATENDIMENTO AO CONSUMIDOR (continuação)

MEDE O NÍVEL DE SATISFAÇÃO DO CONSUMIDOR, A QUALIDADE DOS SERVIÇOS OFERECIDOS E O GRAU DE ATENDIMENTO DO MERCADO

	INDICADOR	FORMA DE MEDIR/ UNIDADE	VALORES ANUAIS	ELEMENTOS DA FÓRMULA/ ESCLARECIMENTOS	FUNÇÃO DO INDICADOR
b.	AUXÍLIO CONSTRUÇÃO	Auxílio Construção Distribuição --------------- x 100 Investimento Distribuição (%)		(*) N=Total Auxílio p/ Construção (*) D=Total Investimento na Distribuição	Medir o grau de Auxílio Construção.
c.	NOVAS LIGAÇÕES				Medir a evolução das ligações no período.
c1.	Residencial	unid.			
c.2	Industrial	unid.			
c.3	Comércio e Serviço	unid.			
c.4	Demais	unid.			

(1) Consumo industrial inclui o EGTD medido.

(2) Inclui o EGTD industrial medido e o comercial faturado.

(*) N=Numerador (*) D=Denominador

(cont.)

MÓDULO 1 - ATENDIMENTO AO CONSUMIDOR

MEDE O NÍVEL DE SATISFAÇÃO DO CONSUMIDOR, A QUALIDADE DOS SERVIÇOS OFERECIDOS E O GRAU DE ATENDIMENTO DO MERCADO

	INDICADOR	FORMA DE MEDIR/ UNIDADE	VALORES ANUAIS	ELEMENTOS DA FÓRMULA/ ESCLARECIMENTOS	FUNÇÃO DO INDICADOR
d.	EXPANSÃO DE LINHAS DE DISTRIBUIÇÃO	Km			Medir os acréscimos de linhas de distribuição no período.
e.	DEC	Horas			Medir o espaço de tempo médio em que cada consumidor ficou sem energia.
f.	FEC	Número de interrupções			Medir o número de interrupções que em média cada consumidor sofreu no período.
g.	ATENDIMENTO A PROPRIEDADE RURAL	Prop. Rurais Atendidas na área de Concessão ------------------------------ X 100 Total de Prop. Rurais na Área de Concessão (Censo/1980) (%)		(*) N=Total de propriedades rurais com energia na área de concessão	Medir o percentual de atendimento das propriedades rurais na área de concessão.

(*) N=Numerador

a) Composição do Mercado

- Neste grupo estão incluídos o consumo e o número de consumidores e o consumo e o número de consumidores por Km².

- a_1, a_2, a_3. **Consumo por Classe**

. **Função do Indicador**: medir a quantidade de energia consumida nas residências, indústrias, comércio e serviços.

. **Forma de Medir**: é a somatória dos Kwh consumidos, expressos nas contas emitidas, segundo as respectivas classes.

Consumo por Classe - EGTD

. **Função do Indicador**: fornecer a quantidade de energia consumida no programa de EGTD.

. **Forma de Medir**: é a somatória dos Kwh medidos e expressos nas contas emitidas para os consumidores ligados ao programa EGTD.

- a_4. **Consumo por Classe - Total** - inclui, além das classes residencial, comercial, serviços e industrial, os consumidores rurais, iluminação pública, poderes públicos, serviços públicos e consumo próprio.

- a_5, a_6, a_7, a_8. **Número de Consumidores por Classe**

. **Função do Indicador**: fornecer os números dos consumidores por classe, bem como o número de consumidores que se utilizaram do programa EGTD.

. **Forma de Medir**: é a somatória do número de contas emitidas segundo as respectivas classes.

- a_9. **Consumo/Área**

. **Função do Indicador**: fornecer a densidade do consumo total de energia por Km^2.

. **Forma de Medir**: divide-se o consumo total pela área de concessão da empresa, expressa em km^2.

- a_{10}. **Consumidor/Área**

. **Função do Indicador**: fornecer a densidade de consumidores por Km^2.

. **Forma de Medir**: divide-se o número de consumidores faturados pela empresa pela área de concessão expressa em Km^2.

b) **Auxílio - Construção**

- **Função do Indicador**: medir a parcela do investimento em distribuição que é paga pelos consumidores.

- **Forma de Medir**:

. **Unidade utilizada**: porcentagem

. **Fórmula**: $\frac{\text{AUXÍLIO CONSTRUÇÃO DISTRIBUIÇÃO}}{\text{INVESTIMENTO DISTRIBUIÇÃO}} \times 100$

. **Esclarecimentos**:

- A contribuição do consumidor representa no investimento a parte que excede o Investimento de responsabilidade da empresa, o qual é determinado pelo Poder Concedente.

- Neste valor está computado o investimento total, exceto a parte relativa a instalações gerais.

c) **Novas Ligações**

- **Função do Indicador**: medir o acréscimo líquido de ligações ocorridas no período para as diferentes classes.

. **Forma de Medir**: as novas ligações são medidas, considerando o total das novas ligações no período - (menos) os desligamentos + (mais) religamentos.

. **Esclarecimentos**: este indicador está dividido em quatro sub-grupos: residencial, industrial, comércio e serviço e demais; este último (demais), inclui os anteriores e mais os consumidores rurais, iluminação pública, poderes públicos, serviços públicos e consumo próprio.

d) **Expansão de Linhas de Distribuição**

- **Função do Indicador**: medir os acréscimos de linha de distribuição no período, em Km.

- **Forma de Medir**: é o total de linhas de distribuição instaladas - (menos) as linhas removidas.

e) **DEC**

- **Função do Indicador**: medir o número médio de horas de interrupção no fornecimento de energia por consumidor.

- **Forma de Medir**:

. **unidade utilizada**: número - índice

. **Fórmula**:

$$\frac{\sum_{i=1}^{n} Ca(i) \times t(i)}{Cs}$$

. **Especificação da Fórmula**:

i = nº de interrupções variando de 1 a n.

Ca(i) = nº de consumidores do conjunto considerado atingidos nas interrupções (i).

t(i) = tempo de duração das interrupções (i), em horas.

Cs = nº total de consumidores do conjunto.

f) **FEC**

- **Função do Indicador**: medir o número de interrupções que em média ocorreu no período.

- **Forma de Medir**:

. **Unidade utilizada**: número índice

. Fórmula:

$$\frac{\sum_{i=1}^{n} Ca(i)}{C_s}$$

g) Atendimento à Propriedade Rural

- **Função do Indicador**: medir o percentual de atendimento das propriedades rurais na área de concessão.

- **Forma de Medir**:

. **Unidade utilizada**: porcentagem

. **Fórmula**:

$$\frac{(N)}{(D)} : \frac{\text{PROP.RURAIS ATENDIDAS NA ÁREA DE CONC.}}{\text{TOTAL DE PROPRIEDADES NA ÁREA DE CONC.}} \times 100$$

. **Especificação da fórmula**:

N = é o número de contas emitidas classificadas como rural.

D = valor extraído do número de propriedades rurais cadastrados na área de concessão pelo IBGE, Censo de 1980.

BIBLIOGRAFIA

ABRANCHES, Sérgio Henrique, DAIN, Sulamia, SALGADO, Maria da Graça - A Empresa Estatal no Brasil, Padrões Estruturais e Estratégia de Ação, FINEP, 1978, 147 p.

BAREYSTEIN, Jorge - Bases para el Estudio de las Empresas del Estado desde el Punto de Vista de su Gestion Estrategica, Mexico, CIDE, 1979, 21 p.

DEMÔRO, Paulo Teixeira - Supervisão e Controle das Empresas Governamentais, FESP/PLANASA, Seminário, 1978

GRAU, Eros Roberto - O Controle Político sobre as Empresas Públicas: Objetivo e Fundamentos, Processos; Extensão e Conveniência, 82 p. xerox

SEMINÁRIO SOBRE PLANEJAMENTO E CONTROLE DO SETOR DE EMPRESAS ESTATAIS, Brasília, 6/1983, 3v. FPEA/CEPAL

CAPÍTULO VIII

INDICADORES PARA A AVALIAÇÃO DAS ESCOLAS DA REDE ESTADUAL

Hélio Janny Teixeira
Solange Maria Santana
Hugo Tsugunobu Yoshizaki

1. O PROJETO 120

2. PRESSUPOSTOS DO SISTEMA DE INDICADORES 122

3. FOCOS DE ANÁLISE, MÓDULOS, PARÂMETROS E INDICADORES PARA A AVALIAÇÃO DE DESEMPENHO 128

4. REDE DOS INDICADORES 136

5. NÍVEIS DE MONITORAMENTO DOS INDICADORES 138

Apêndice 1: Descrição e Levantamento de Alguns Indicadores do Módulo: Rendimento Escolar 144

Texto elaborado a partir do relatório final do projeto "Sistema de Indicadores" desenvolvido para a Secretaria da Educação do Estado de São Paulo pelos consultores Hélio Janny Teixeira, Solange Maria Santana, Hugo Tsugunobu Yoshizaki e Antonio Rafael Namur Muscat, FIA, 1992.

1. O PROJETO

O Sistema de Indicadores para a área da Educação, que será apresentado neste capítulo, foi desenvolvido por uma equipe de Consultores da FIA, no âmbito do Programa de Reforma do Ensino Básico/90, do Governo Estadual de São Paulo.

O trabalho realizado teve como objetivo subsidiar a Secretaria Estadual da Educação na montagem de um sistema de indicadores de desempenho que permitisse uma avaliação das escolas da rede estadual, como responsáveis pela prestação de serviços educacionais à população dentro de padrões de qualidade que atendam às necessidades sociais.

Em termos gerais, os estudos e experiências acerca da "avaliação da qualidade de ensino" baseiam-se, em maior ou menor grau, em três perspectivas.

- Na avaliação dos resultados pedagógicos - quando a avaliação centra-se no levantamento do grau de cumprimento dos objetivos definidos pelo próprio sistema educacional;

- na avaliação das respostas às demandas da população - quando o eixo da avaliação está voltado para avaliação dos serviços que o sistema presta em relação às necessidade sociais, às demandas da população;

- na avaliação do impacto social do sistema educacional quando a avaliação se dá em nível propriamente macro, centrada na relação Educação-Sociedade, a educação enfocada do ponto de vista da sua influência sobre a estrutura social, da sua capacidade de contribuir para as mudanças sociais

O esquema seguinte (Quadro 8) expressa essas três abordagens:

QUADRO 8 : ABORDAGENS DA AVALIAÇÃO SOBRE A QUALIDADE DE ENSINO

O sistema de indicadores desenvolvido foi direcionado para apoiar o acompanhamento e análise da gestão escolar em termos de: conhecimento do contexto externo e interno da escola; determinação das necessidades de aprendizagem; características básicas do processo escolar; qualidade de ensino e nível de utilização dos recursos disponíveis.

Os indicadores propostos foram elaborados com a preocupação de se atender aos seguintes requisitos básicos:

- Abranger os aspectos mais significativos da realidade escolar - os indicadores formulados estão direcionados para captarem os diversos aspectos do contexto externo e interno da escola relativos aos alunos, aos agentes do sistema, aos recursos físico-materiais, às características do processo escolar, e ao rendimento dos alunos e dos recursos.

- Dar ênfase a resultados - os indicadores devem expressar resultados tangíveis da atividade escolar.

- Adequação a curto e médio prazo - os indicadores foram projetados dentro de uma escala de priorização: alguns foram previstos para implantação imediata enquanto outros foram projetados dentro de uma perspectiva de desenvolvimento gerencial do setor, a médio prazo.

- Articulação analítica - os indicadores estão articulados entre si e se enquadram em determinados esquemas de análise/avaliação que serão apresentados no decorrer deste trabalho.

2. PRESSUPOSTOS DO SISTEMA DE INDICADORES

A gestão da educação deve ter como referência um quadro de políticas públicas capazes de orientar a atividade educacional como um fator dinâmico no processo de desenvolvimento econômico, social e político do país.

Para tanto, é necessário olharmos para o setor a partir de uma visão de médio e longo prazos. Deixarmos de ver as políticas para a educação como "políticas de governo" para assumi-las como "políticas de estado", que vão, necessariamente, além de períodos governamentais fixos. Isto só é possível quando se consegue estabelecer uma pauta de compromissos entre alçadas governamentais, agentes do setor e segmentos representativos da sociedade civil, quanto aos resultados esperados da educação. Frente a tais resultados previstos deve funcionar o sistema de avaliação do ensino como um veículo de transparência e dinamização do setor.

Falta-nos, a nós brasileiros, um esforço de avaliação que ressalte resultados. Culturalmente, somos mais direcionados para a avaliação de princípios, de insumos, no que muitas vezes ficamos a meio caminho da avaliação acerca dos resultados finais das nossas atividades. Trata-se, então, de enriquecermos as boas experiências de avaliação que já temos, imprimindo uma orientação mais definida para o objetivo final da escola: responder a necessidades de aprendizagem socialmente definidas.

A Escola como um componente da sociedade global é chamada a preencher necessidades de aprendizagem socialmente definidas, através do exercício de um modelo pedagógico que propicie a formação básica do cidadão.

Ela deve ser uma instituição ativa no seu meio, atenta a toda a população que a circunda e muito em especial em relação à população em idade escolar. O Quadro 9 expressa este caráter da Escola - a formação básica do cidadão - em três dimensões interdependentes:

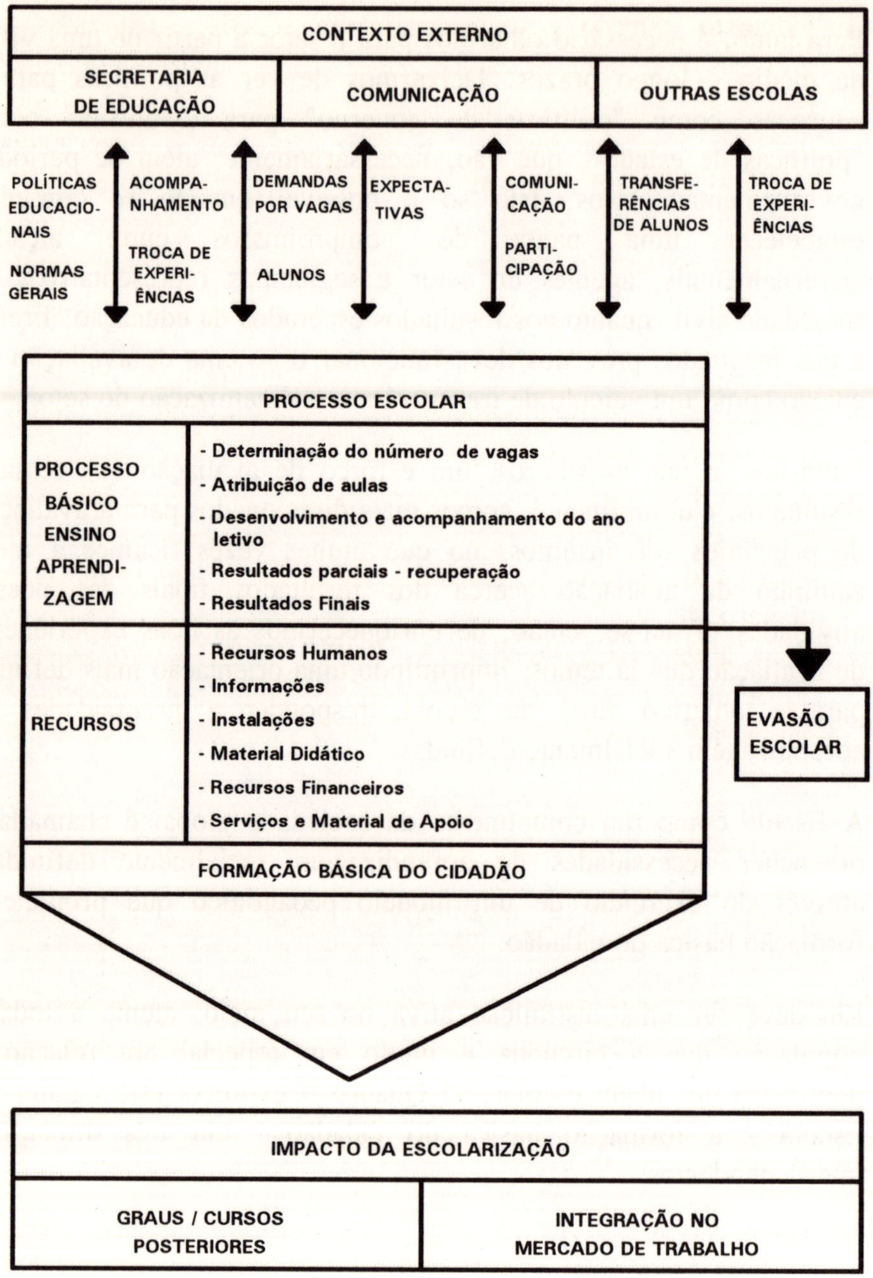

QUADRO 9 : VISÃO GLOBAL DA ESCOLA E SEU CONTEXTO

a) Contexto externo e as necessidades sociais - expressas em volumes de população em idade escolar, demandas da população por matrículas, expectativas da sociedade face à Escola, políticas educacionais, socialização de experiências; necessidades que se antepõem à Escola e definem o caráter da sua atividade, oriundas da Comunidade e suas entidades representativas, dos órgãos supervisores do setor como de outras escolas.

b) O processo escolar - como um arranjo de recursos humanos e materiais integrados adequadamente, dentro de um modelo pedagógico e de uso dos recursos que correspondem aos interesses sociais de formação básica da população; este processo se realiza através de uma ordem lógica temporal que abrange os seguintes momentos principais: a determinação do número de vagas para alunos e professores, a atribuição de aulas, a elaboração do Plano Escolar para o ano letivo, as etapas do desenvolvimento do ano letivo, as avaliações correlatas, as recuperações no decorrer do ano letivo, a avaliação final.

c) O impacto da escolarização - a ser observada através de dois sinalizadores referentes a ex-alunos: quais os cursos que prosseguem e/ou que posições passam a ocupar no mercado de trabalho.

A escola deve então ser avaliada pela sua capacidade para responder a necessidades da sociedade, num processo interativo de expectativas e de atitudes de forma a que o desenvolvimento do processo escolar - o ensino - aprendizagem - se dê dentro de padrões de qualidade de ensino e de uso dos recursos em bases socialmente adequadas.

Os órgãos coordenadores do setor e a população precisam saber o que se passa nas escolas; quais os conhecimentos e valores que estão sendo apreendidos pelos alunos; em que condições professores e funcionários estão trabalhando; como os recursos disponíveis estão sendo geridos, e assim por diante; para se chegar a uma avaliação sobre o papel que as escolas vêm desempenhando frente às necessidades de aprendizagem que a sociedade demanda do setor.

De acordo com estas orientações, estabeleceu-se, no início do projeto em referência, os seguintes pressupostos, para embasar um modelo de avaliação para o setor educacional no Estado de São Paulo do qual o sistema de indicadores apresentado seria parte integrante:

Orientação para Resultados: O sistema de indicadores tem como objetivo principal a avaliação dos resultados obtidos a nível dos alunos, em termos quantitativos e qualitativos ou seja seu desempenho em relação às necessidades de aprendizagem estabelecidas.

Referência a perfis de desempenho socialmente definidos: As necessidades de aprendizagem devem ser estabelecidas em "perfis de desempenho", que explicitassem o que se espera do processo de aprendizagem. Estes "perfis de desempenho" devem ser definidos por segmentos representativos da sociedade, através de um processo de busca de consenso.

Observância à multiplicidade de fatores intervenientes: O sistema de indicadores deve abranger a multiplicidade de fatores que intervêm na ação educacional, possibilitando uma avaliação relativa dos diversos aspectos que condicionam o desenvolvimento das atividades.

Avaliação da eficiência e eficácia do setor:

- **Eficiência**: correspondendo aos resultados conseguidos em relação ao nível de recursos utilizados.

- **Eficácia**: refere-se aos resultados obtidos em relação aos objetivos e metas pré-definidos.

Negociação dos objetivos e metas: Os objetivos e metas a nível de cada núcleo de atividade devem ser pactuados localmente.

Um sistema de mensuração homogêneo: Deve ser aplicado um sistema de avaliação homogêneo garantindo-se, assim, o conhecimento geral do grau de desempenho face a padrões comuns.

A compensação das diferenças: Dada a grande diversidade sócio-econômica existente entre os alunos da rede escolar, o sistema de avaliação deve captar tais diferenças e as respectivas ações de intervenção de modo que se pudesse avaliar não só os resultados finais mas, também, a compensação das diferenças.

Avaliação externa paralela: Deve haver alguma forma de avaliação externa independente da avaliação institucional do rendimento escolar de cada escola.

Níveis de agregação e difusão operacional dos indicadores: Deve-se hierarquizar e articular os indicadores conforme a lógica do processo e da estrutura organizacional (níveis de responsabilidades) e divulgar os indicadores e avaliações efetuadas de acordo com níveis competentes de intervenção.

Sensibilização e participação dos agentes: O sistema deve ser desenvolvido e implantado através da sensibilização e participação dos diversos agentes.

Contribuição para a melhoria de qualidade das demandas: O sistema deve ser concebido de forma que as informações geradas através dele despertem crescentes expectativas dos usuários, e mudanças também qualitativas nas suas demandas.

Base de informação para a política de recursos humanos: O sistema deve fornecer informações que permitam uma adequada associação da avaliação institucional com a alocação de recursos, a atribuição de méritos e recompensas de acordo com o desempenho apresentado.

3. FOCOS DE ANÁLISE, MÓDULOS, PARÂMETROS E INDICADORES PARA A AVALIAÇÃO DE DESEMPENHO

Entendendo a escola como um sistema prestador de serviços à comunidade, a elaboração do conjunto de indicadores foi direcionada no sentido de se produzir informações que apoiassem uma avaliação da escola dentro do seguintes focos de análise:

- Contexto e Necessidades de Aprendizagem.
- Processo Escolar, Qualidade de Ensino e Nível de Utilização dos Recursos.

O foco referente ao contexto e necessidades de aprendizagem corresponde à análise acerca do campo de atuação da Escola, em suas dimensões externa e interna. Em relação ao ambiente externo, a análise situa a Escola em seu ambiente específico, tipo de área em que se localiza e características da população circundante. Implica numa identificação detalhada e de forma sistemática dos alunos matriculados na escola em termos de origem sócio-econômica, nível de instrução e ocupação dos seus pais, estrutura etária e de distribuição por séries e cursos oferecidos pela Escola, suas pré-condições para a aprendizagem; isto para que a Escola e órgãos supervisores disponham de informações suficientemente particularizadas acerca da população alvo e, conseqüentemente, das necessidades específicas de aprendizagem que deve preencher.

O foco dirigido à análise do processo escolar, qualidade de ensino e nível de utilização dos recursos centra-se na identificação das condições físicas, materiais e sociais vigentes na Escola, nos aspectos pedagógicos e organizacionais que caracterizam o desenvolvimento do processo de ensino-aprendizagem, no levantamento das condições de uso dos recursos disponíveis; isto para, em função das necessidades específicas de aprendizagem dos respectivos alunos, se poder avaliar os resultados alcançados.

Estes focos de análise foram decompostos num conjunto de módulos, expostos no Quadro 10 seguinte, de forma a que as categorias de análise possibilitassem uma progressiva aproximação à realidade do processo escolar.

FOCO DE ANÁLISE	MÓDULOS
Contexto da escola e necessidades de aprendizagem - Em que contexto a escola se situa - Qual a demanda e a oferta de vagas para alunos - Quem são os alunos	Nível sócio-econômico da comunidade Nível sócio-econômico das famílias dos alunos Características dos alunos
Processo escolar, qualidade de ensino e nível de utilização dos recursos - Em que condições se trabalha - Qual o rendimento dos recursos - Como se dá o processo pedagógico - Quais os resultados finais - Quais os custos da escola	Condições físicas e ambientais do ensino Recursos Humanos Processo Pedagógico e de Gestão Rendimento Escolar Impacto da Escolaridade Gestão Demanda X Oferta Rendimento dos Recursos Humanos Custos da Escola

QUADRO 10: FOCOS DE ANÁLISE E MÓDULOS

Os módulos, por sua vez, foram decompostos em aspectos relevantes na operação da escola, diferenciados quanto ao grau de controle ou possibilidade de gerenciamento dos mesmos. Assim, temos **parâmetros** ou elementos descritivos que não podem ser controlados ou são pouco controlados pela escola e **indicadores** que caracterizam aspectos sob controle ou gerenciáveis pela mesma, em todos ou alguns de seus níveis de operação.

O Quadro 11 apresenta o conjunto dos parâmetros e indicadores delineados, de acordo com os focos de análise e módulos constitutivos do modelo elaborado.

FOCO DE ANÁLISE	MÓDULOS	PARÂMETROS (P)	INDICADORES (I)
CONTEXTO DA ESCOLA E NECESSIDADES DE APRENDIZAGEM - Em que contexto a escola se situa. - Qual a demanda e a oferta de vagas para alunos. - Quem são os alunos.	NÍVEL SÓCIO-ECONÔMICO DA COMUNIDADE	01 Características do Bairro. 02 Distribuição de renda na comunidade. 03 Nível de escolaridade na comunidade.	
	NÍVEL SÓCIO-ECONÔMICO DAS FAMÍLIAS DOS ALUNOS	04 Nível de escolaridade dos pais dos alunos. 05 Ocupação dos pais. 06 Renda familiar.	
	CARACTERÍSTICAS DOS ALUNOS	07 Distribuição dos alunos por área residencial. 08 Distribuição etária dos alunos. 09 Pré-condições de aprendizagem do aluno. 10 Proporção de alunos trabalhadores.	01 Distribuição etária dos alunos. 02 Pré-condições de aprendizagem do aluno.

QUADRO 11: FOCOS DE ANÁLISE, MÓDULOS, PARÂMETROS E INDICADORES PARA A AVALIAÇÃO DE DESEMPENHO

(continua)

FOCO DE ANÁLISE	MÓDULOS	PARÂMETROS (P)	INDICADORES (I)
PROCESSO ESCOLAR E QUALIDADE DE ENSINO E NÍVEL DE UTILIZAÇÃO DOS RECURSOS - Em que condições se trabalha. - Qual o rendimento dos recursos. - Como se dá o processo pedagógico.	CONDIÇÕES FÍSICAS E AMBIENTAIS DO ENSINO-APRENDIZAGEM	11 Ocorrências.	03 Área disponível-construída e livre por aluno. 04 Disponibilidade de livros por aluno. 05 Disponibilidade de kits laboratório. 06 Número médio de alunos por sala. 07 Número de turnos. 08 Utilização de salas de aula. 09 Utilização de instalações de oficinas e laboratórios. 10 Utilização de bibliotecas. 11 Oferta de refeição/merenda por aluno.
- Quais os resultados finais. - Quais os custos da escola.	RECURSOS HUMANOS		12 relação horas-professor - planejadas/ofertadas. 13 Grau de preenchimento do quadro administrativo e técnico/direção. 14 Grau de formação pessoal. 15 Grau de capacitação didática ou na específica disciplina ou atividade. 16 Níveis salariais do pessoal. 17 Situação funcional do pessoal. 18 Jornada de trabalho dos professores. 19 Relação total de alunos / total de professores. 20 Relação total de alunos/total de funcionários administrativos.

QUADRO 11: FOCOS DE ANÁLISE, MÓDULOS, PARÂMETROS E INDICADORES PARA A AVALIAÇÃO DE DESEMPENHO

(continua)

FOCO DE ANÁLISE	MÓDULOS	PARÂMETROS (P)	INDICADORES (I)
	PROCESSO PEDAGÓGICO E DE GESTÃO		21 Distribuição de frequência dos alunos. 22 Frequência de docentes/direção/corpo administrativo. 23 Proporção hora-professor aula. 24 Proporção hora-professor trabalho pedagógico. 25 Disponibilidade de material didático aprovado no plano escolar. 26 Grau de participação do pessoal em projetos especiais / coordenação pedagógica. 27 Grau de participação do pessoal, alunos e pais na gestão escolar. 28 Participação da direção nas atividades da escola. 29 Grau de atingimento da capacitação de recursos humanos: docentes/direção/corpo administrativo. 30 Grau de atingimento do conteúdo curricular da classe. 31 Grau de atingimento do conteúdo total da etapa. 32 Grau de atingimento do conteúdo mínimo da etapa. 33 Grau de atingimento de carga horária de disciplinas obrigatórias. 34 Grau de atingimento dos objetivos da coordenação pedagógica. 35 Grau de atingimento dos projetos especiais. 36 Dias letivos. 37 Horas-aula/ano. 38 Avaliação das relações entre os diferentes segmentos da escola. 39 Participação dos pais nas reuniões gerais.

QUADRO 11: FOCOS DE ANÁLISE, MÓDULOS, PARÂMETROS E INDICADORES PARA A AVALIAÇÃO DE DESEMPENHO

(continua)

FOCO DE ANÁLISE	MÓDULOS	PARÂMETROS (P)	INDICADORES (i)
	RENDIMENTO ESCOLAR		40 Aprovação. 41 Evasão. 42 Distribuição de aproveitamento na avaliação interna. 43 Índice de desempenho na avaliação externa. 44 Expectativas/grau de motivação dos alunos face a escola. 45 Expectativas/grau de satisfação dos pais face a escola. 46 Expectativas/grau de motivação do pessoal face a escola.
	IMPACTO DA ESCOLARIDADE	12 Distribuição ocupacional de ex-alunos.	47 Índice de admissão a graus posteriores.
	GESTÃO DEMANDA X OFERTA		48 Relação alunos matriculados/demanda por vagas.
	RENDIMENTO DOS RECURSOS HUMANOS		49 Proporção hora-professor total.
	CUSTO DA ESCOLA		50 Relacão aluno-promovido por custo gerenciável da escola. 51 Composição dos custos gerenciáveis da escola. 52 Composição dos custos e fontes da escola.

QUADRO 11: FOCOS DE ANÁLISE, MÓDULOS, PARÂMETROS E INDICADORES PARA A AVALIAÇÃO DE DESEMPENHO

4. REDE DOS INDICADORES

O Quadro 12 demonstra a articulação entre os indicadores considerados de maior peso na rede projetada. A seleção desses indicadores, e seus inter-relacionamentos, foi feita através de sucessivas análises cujo detalhamento pode ser observado no diagrama a seguir. A rede apresentada reflete, naturalmente, um esquema idealizado e deve ser vista como um modelo hipotético de representação da hierarquia e mútuo condicionamento entre os aspectos da realidade escolar que os indicadores elaborados procuram refletir.

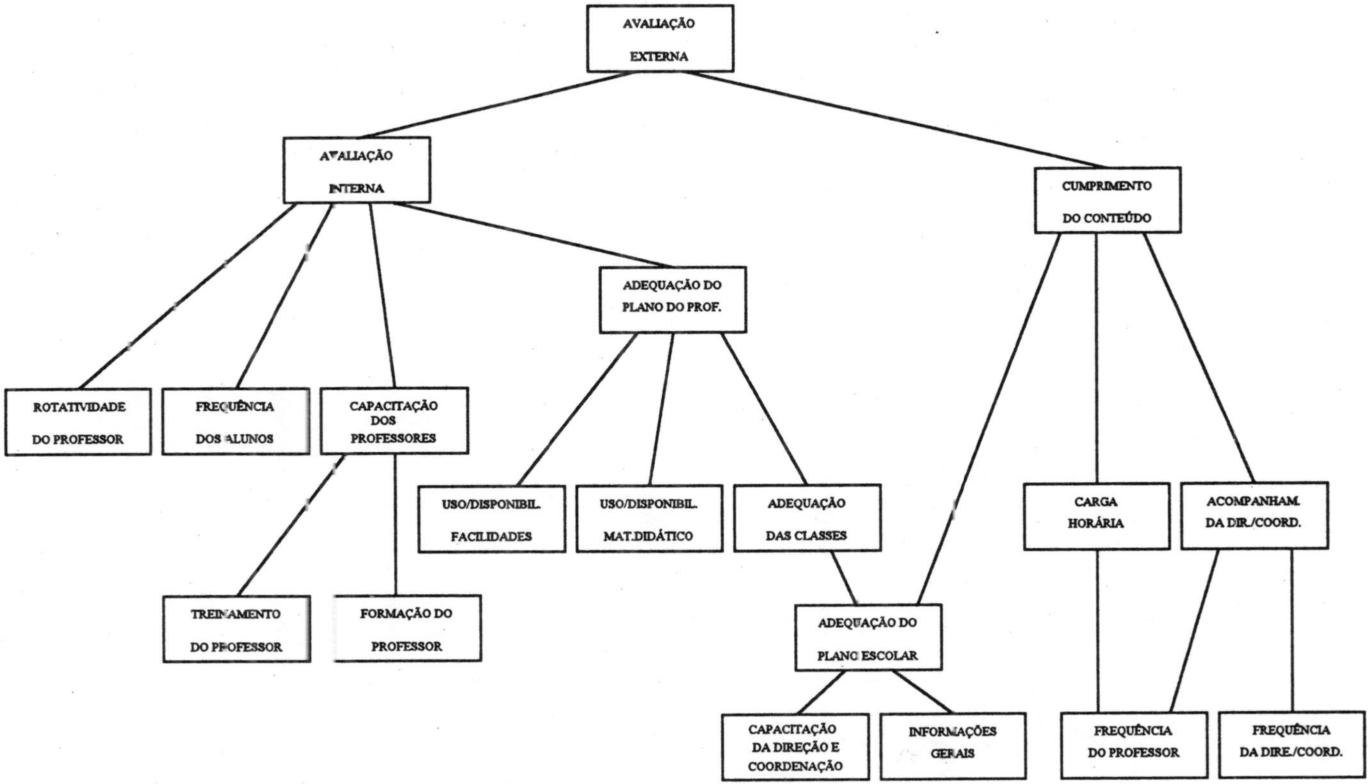

QUADRO 12 : REDE DOS INDICADORES

5. NÍVEIS DE MONITORAMENTO DOS INDICADORES

Dentro do modelo idealizado, o monitoramento dos parâmetros e indicadores elaborados seria realizado em três níveis distintos de abrangência: pela escola, trabalhando o conjunto global dos parâmetros e indicadores; pelos órgãos intermediários e pelo órgão central da Secretaria de Educação, que trabalhariam apenas com parte do mesmo conjunto.

A partir deste prisma, foram definidos alguns critérios que orientaram a proposta de atribuições:

ÓRGÃO CENTRAL DA SECRETARIA - responsabilidade mais específica no monitoramento dos indicadores/parâmetros relacionados com:

- demanda X oferta de vagas
- nível de utilização dos recursos
- custos
- avaliação externa

ESTRUTURAS INTERMEDIÁRIAS - responsabilidade mais específica no monitoramento dos indicadores/parâmetros relacionados com:

- características do processo pedagógico
- disponibilidade de recursos didáticos
- a atuação dos RH no processo escolar
- democratização da gestão escolar

ESCOLAS - trabalhando com todo o conjunto de parâmetros e indicadores, têm responsabilidades particulares com o monitoramento dos indicadores/parâmetros relacionados com:

- necessidades de aprendizagem dos alunos
- expectativas/grau de motivação/satisfação dos alunos, pessoal, pais/comunidade
- cursos/empregos posteriores de ex-alunos

No Quadro 13 apresentamos uma distribuição dos mesmos parâmetros e indicadores, de acordo com os três níveis de monitoramento concebidos. No apêndice apresenta-se a descrição de alguns indicadores do Módulo: Rendimento Escolar.

PARÂMETROS	INDICADORES	NÍVEIS DE MONITORAMENTO		
		ESCOLA	ÓRGÃOS INTER-MEDIÁRIOS	ÓRGÃOS CENTRAL DA SE
Características do Bairro		X	X	
Distribuição de Renda na Comunidade		X		
Nível de Escolaridade na Comunidade		X		
Nível de Escolaridade dos Pais dos Alunos		X	X	
Ocupação dos Pais		X		
Renda Familiar		X		
Distribuição dos Alunos por Área Residencial		X	X	X
Distribuição Etária dos Alunos		X	X	X
Pré-Condições de Aprendizagem do Aluno		X		
Proporção de Alunos Trabalhadores		X	X	X
	Área Disponível-Construída e Livre - por Aluno	X	X	X
	Disponibilidade de Livros por Aluno	X	X	
	Disponibilidade de Kits Laboratório	X	X	
	Número médio de Alunos por Sala	X	X	X
	Número de turnos	X	X	X
	Oferta de Refeições/Merenda por Aluno	X	X	X
	Utilização de Salas de Aula	X	X	X
Ocorrências		X	X	
	Utilização de Instalações de Oficinas e Laboratórios	X	X	X
	Utilização de Bibliotecas	X	X	X

(continua)

QUADRO 13 - DISTRIBUIÇÃO DOS PARÂMETROS E INDICADORES SEGUNDO A PROPOSTA DE MONITORAMENTO

PARÂMETROS	INDICADORES	NÍVEIS DE MONITORAMENTO		
		ESCOLA	ÓRGÃOS INTER-MEDIÁRIOS	ÓRGÃOS CENTRAL DA SE
	Relação Horas-Professor - Planejadas/Ofertadas	X	X	
	Grau de Preenchimento do Quadro Administrativo e Técnico/Direção	X	X	X
	Grau de Formação do Pessoal	X	X	X
	Grau de Capacitação Didática ou na Disciplina Específica ou Atividade	X	X	X
	Níveis Salariais do Pessoal	X	X	X
	Situação Funcional do Pessoal	X		
	Jornada de Trabalho dos Professores	X		
	Relação Total de Alunos / Total de Professores	X	X	X
	Relação Total de Alunos/Total de Funcionários Administrativos	X		
	Distribuição de Frequência dos Alunos	X	X	
	Frequência de Docentes/Direção Corpo Administrativo	X	X	
	Proporção Hora-Professor Aula	X	X	
	Proporção Hora-Professor Trabalho Pedagógico	X	X	
	Disponibilidade de Material Didático Aprovado no Plano Escolar	X	X	
	Grau de Participação do Pessoal em Projetos Especiais/Coordenação Pedagógica	X	X	
	Grau de Participação do Pessoal, Alunos e Pais na Gestão Escolar	X	X	X

(continua)

QUADRO 13 - DISTRIBUIÇÃO DOS PARÂMETROS E INDICADORES SEGUNDO A PROPOSTA DE MONITORAMENTO

PARÂMETROS	INDICADORES	NÍVEIS DE MONITORAMENTO		
		ESCOLA	ÓRGÃOS INTER-MEDIÁRIOS	ÓRGÃOS CENTRAL DA SE
	Participação da Direção nas Atividades da Escola	X	X	X
	Grau de Atingimento da Capacitação de Recursos Humanos: Docentes/Direção/Corpo Administrativo	X	X	X
	Grau de Atingimento do Conteúdo Curricular da Classe	X	X	
	Grau de Atingimento do Conteúdo Total da Etapa	X	X	
	Grau de Atingimento do Conteúdo Mínimo da Etapa	X	X	
	Grau de Atingimento de Carga Horária de Disciplinas Obrigatórias	X	X	
	Grau de Atingimento dos Objetivos da Coordenação Pedagógica	X	X	
	Grau de Atingimento dos Projetos Especiais	X	X	X
	Dias Letivos	X	X	X
	Horas-Aula/Ano	X	X	X
	Avaliação das Relações entre os Diferentes Segmentos da Escola	X		
	Participação dos Pais nas Reuniões Gerais	X		
	Aprovação	X	X	X
	Evasão	X	X	X
	Distribuição do Aproveitamento na Avaliação Interna	X	X	X
	Índice de Desempenho na Avaliação Externa	X	X	X
	Expectativas/Grau de Motivação dos Alunos Face à Escola	X		

(continua)

QUADRO 13 - DISTRIBUIÇÃO DOS PARÂMETROS E INDICADORES SEGUNDO A PROPOSTA DE MONITORAMENTO

PARÂMETROS	INDICADORES	NÍVEIS DE MONITORAMENTO		
		ESCOLA	ÓRGÃOS INTER-MEDIÁRIOS	ÓRGÃOS CENTRAL DA SE
	Expectativas/Grau de Satisfação dos Pais Face à Escola	X		
	Expectativas/Grau de Motivação do Pessoal Face à Escola	X		
Distribuição Ocupacional de Ex-Alunos		X		
	Índice de Admissão a Graus Posteriores	X		
	Relação Alunos Matriculados/Demanda por Vagas	X	X	X
	Proporção Hora-Professor Total	X		
	Relação Aluno-Promovido por Custo Gerenciável da Escola	X	X	X
	Composição dos Custos Gerenciáveis da Escola	X	X	X
	Composição dos Custos e Fontes da Escola	X	X	X

QUADRO 13 - DISTRIBUIÇÃO DOS PARÂMETROS E INDICADORES SEGUNDO A PROPOSTA DE MONITORAMENTO

APÊNDICE:

DESCRIÇÃO DE ALGUNS INDICADORES DO MÓDULO: RENDIMENTO ESCOLAR

ESQUEMA ADOTADO PARA DESCRIÇÃO DETALHADA DOS INDICADORES DE GESTÃO PARA A ESCOLA

Os diversos parâmetros e indicadores concebidos estão descritos conforme o esquema seguinte:

1. Nome: nome, mnemônico e código do indicador. O código é composto de 3 dígitos, correspondendo a:

   P = Parâmetro ou I = Indicador seguido do número de ordem numérica do mesmo parâmetro/indicador.

2. Definição: dá o escopo de aplicação e a forma de determinação ou de cálculo do indicador/parâmetro, agregando uma descrição acerca do seu conteúdo.

3. Medidas das variáveis: unidade da variável.

4. Forma de medição: modo como é medida ou apontada a variável de interesse.

5. Fonte de dados: documentos existentes ou forma de coleta proposta, para dados não coletados atualmente.

6. Periodicidade: ciclo de determinação do indicador.

7. Uso/quem usa: tipo de uso ou função usuária do indicador.

8. Funções/áreas responsáveis: funções ou áreas responsáveis pela coleta, cálculo ou uso do indicador.

9. Categorias influenciadas: variáveis influenciadas pelo indicador (inclusive outros indicadores).

10. Desagregação: como o indicador pode ser desagregado para determinar possíveis causas.

11. Objeto de aplicação: pessoas, conjunto de pessoas, mês, ano, grau, escola, função etc, que são objeto do indicador.

12. Planejamento/controle: uso em planejamento e controle.

13. Valor atual e diagnóstico/evolução: uso instantâneo ou ao longo do tempo do indicador.

14. Comparação: com que outros objetos permite uma comparação coerente.

15. Precisão: nível de precisão necessária para os dados de entrada.

Nome: APROVAÇÃO (AP - I39)

Definição: Por classe/disciplina, disciplina/ turno/série, ou disciplina/série, APT= AP / AT (%), onde: AP= qtde. de alunos promovidos; AT= qtde. total de alunos. O conceito de alunos promovidos engloba alunos com conceito suficiente para promoção, com ou sem recuperação. O total de alunos engloba todos os alunos matriculados, incluindo os transferidos para a escola e excluindo os transferidos da escola para outras e evadidos. Dá o rendimento do curso. Pode ser comparado com outras classes, turnos, séries, escolas ou padrões. É um indicador importante.

Medidas das Variáveis: A unidade é aluno devidamente matriculado e contado.

Forma de Medição: O apontamento ao longo do ano deve ser feito pelo professor. Outros dados de totais de alunos devem ser recolhidos pela Secretaria da escola.

Fonte de Dados: Diário do professor, ficha do aluno, Plano Escolar e do Professor.

Periodicidade: Bimestral; no final do ano.

Uso/Quem Usa: Serve para aferir o rendimento didático ao longo do ano, permitindo, por exemplo, avaliar a conveniência de recuperação em paralelo, o ritmo utilizado etc.

Funções/Áreas Responsáveis: Pelo apontamento: professor, Secretaria da UE. Pelo controle: professor, Conselho de Classe, CP, direção, assessor/supervisor.

Categorias Influenciadas: Nível de aprovação dos alunos.

Desagregação: Tipo de aluno aprovado ou quantidade de alunos classificada entre matriculados e evadidos.

Objeto de Aplicação: Classe / disciplina, professor / disciplina, disciplina, turno/série, série, escola.

Planejamento/Controle: Permite tomar medidas de ajuste ao longo do ano escolar para se obter um desempenho o mais próximo recomendável das metas estabelecidas no Plano Escolar e do Professor.

Valor Atual e Diagnóstico, Evolução: Deve ser avaliado continuamente, com uso de gráficos.

Comparação: Entre classes / disciplinas, professores, turnos / séries, séries, escolas-padrão.

Precisão: Nível de 100% das informações.

Nome: EVASÃO (EV-I40)

Definição: Por classe/disciplina, disciplina/ turno/série, ou disciplina/série, ATT= AT / ATG (%), onde: AT= qtde. total de alunos; ATG= qtde. total de alunos, inclusive evadidos. O total de alunos engloba todos os alunos matriculados, incluindo os transferidos para a escola e excluindo os transferidos da escola para outras e evadidos. O total geral engloba também os alunos evadidos.

Medidas das Variáveis: A unidade é aluno devidamente matriculado e contado.

Forma de Medição: O apontamento ao longo do ano deve ser feito pelo professor. Outros dados de totais de alunos devem ser recolhidos pela Secretaria da escola.

Fonte de Dados: Diário do professor, ficha do aluno, Plano Escolar e do Professor.

Periodicidade: Bimestral; final do ano.

Uso/Quem Usa: Quantifica a evasão verificada e, portanto, permite a tomada de medidas corretivas de controle.

Funções/Áreas Responsáveis: Pelo apontamento: professor, Secretaria da UE. Pelo controle: professor, Conselho de Classe, CP, direção, assessor/supervisor.

Categorias Influenciadas: Nível de evasão dos alunos.

Desagregação: Tipo de aluno aprovado ou quantidade de alunos classificada entre matriculados e evadidos. Pode haver correlação com índice de retenção (complementar do índice de alunos promovidos).

Objeto de Aplicação: Classe / disciplina, professor / disciplina, disciplina, turno / série, série, escola.

Planejamento/Controle: Permite tomar medidas de ajuste ao longo do ano escolar para se obter um desempenho o mais próximo recomendável das metas estabelecidas no Plano Escolar e do Professor.

Valor Atual e Diagnóstico, Evolução: Deve ser avaliado continuamente, com uso de gráficos.

Comparação: Entre classes/disciplinas, professores, turnos/séries, séries, escolas, padrões.

Precisão: Nível de 100% das informações.

Nome: DISTRIBUIÇÃO DE APROVEITAMENTO NA AVALIAÇÃO INTERNA (DAI - I41)

Definição: Para cada classe/disciplina ou classe/ etapa/disciplina: DAI= tabela de freqüências ou histograma, classificada por conceito (A até E). Dá a distribuição do desempenho da classe na disciplina.

Medidas das Variáveis: Conceito dado pelo docente (A até E).

Forma de Medição: Avaliação dada pelo professor.

Fonte de Dados: Caderno de notas do docente.

Periodicidade: Bimestral. Anual (finais de etapas).

Uso/Quem Usa: Avaliar o desempenho dos alunos na disciplina. Comparar o desempenho com padrões. Verificar a evolução.

Funções/Áreas Responsáveis: Pela avaliação e apontamento: professor. Pelo controle: professor, Conselho de Classe, CP, assessor/supervisor.

Categorias Influenciadas: Desempenho da classe. Rendimento do ensino.

Desagregação: Produtividade do ensino (promovidos/totais).

Objeto da Aplicação: Classe/disciplina.

Planejamento/Controle: Permite avaliar desempenho ao longo do ano e tomar medidas de controle, como recuperação paralela dos alunos.

Valor Atual e Diagnóstico, Evolução: Serve como avaliação da situação atual dos alunos, de forma a permitir ajustes para evitar retenção, como recuperação paralela. Uso de gráficos é recomendável.

Comparação: Como está baseado no conteúdo do Plano do Professor (anual) e do Plano Escolar, pode não haver coincidência suficiente nos itens do currículo no ano para permitir uma avaliação externa. Entretanto, é possível avaliação externa ao final de cada etapa, onde há uma uniformidade nos conteúdos. Assim, deve haver dois indicadores de avaliação interna (DAI): um, utilizado usualmente pelo professor (bimestral), e outro ao final de cada etapa, para permitir a comparação com a avaliação externa, inclusive com outra escolas, pois ter-se-á um denominador comum de conteúdo de currículos.

Precisão: O conceito tem natureza subjetiva, dependendo de um treinamento correto ou uma adequada coordenação pedagógica para sua homogeneização.

Nome: **EXPECTATIVAS/GRAU DE MOTIVAÇÃO DOS ALUNOS FACE À ESCOLA (GSAL - I43)**

Definição: GSAL = Gráfico de barras para nível de expectativa e grau de motivação dos alunos, por série. Corresponde à relação entre as expectativas e o grau de motivação face à Escola, declarados pelos alunos.

Medidas/Categorias das Variáveis: A variável "expectativas" será controlada pelo conhecimento dos objetivos face à Escola que os alunos expressem ao início do ano letivo. A variável "grau de motivação" será controlada pela avaliação que os mesmos alunos fizerem do desempenho da Escola ao final do ano; muito satisfeito, satisfeito, regularmente satisfeito, pouco satisfeito, ou insatisfeito.

Forma de Medida: Tabulação de dados primários.

Fonte de Dados: Formulários aplicados junto aos alunos, identificados numericamente de forma a fazer corresponder as "expectativas" e "grau de motivação" dos mesmos alunos.

Periodicidade: Anual.

Uso/Quem Usa: Conhecimento das expectativas dos alunos, aproximação mútua.

Funções/Áreas Responsáveis: Conselho da Escola.

Categorias Influenciadas: Expectativas x Desempenho da Escola.

Desagregação: Apoio e cooperação face à Escola.

Objeto de Aplicação: Amostra de alunos.

Comparação: Evolução da escola.

Nome: EXPECTATIVAS/GRAU DE SATISFAÇÃO DOS PAIS FACE À ESCOLA (GSPAI - I44)

Definição: GSPAI = Gráfico de barras para nível de expectativa e grau de satisfação dos pais, por série. Corresponde à relação entre as expectativas e o grau de satisfação face à Escola declarados pelos pais.

Medidas/Categorias das Variáveis: A variável "expectativas" será controlada pelo conhecimento dos objetivos face à Escola que os pais expressem ao início do ano letivo. A variável "grau de satisfação" será controlada pela avaliação que os mesmos pais fizerem do desempenho da Escola ao final do ano; muito satisfeito, satisfeito, regularmente satisfeito, pouco satisfeito, ou insatisfeito.

Forma de Medida: Tabulação de dados primários.

Fonte de Dados: Pesquisa aplicada junto aos pais identificados numericamente de forma a fazer corresponder as "expectativas" e "grau de satisfação" dos mesmos pais.

Periodicidade: Anual.

Uso/Quem Usa: Conhecimento das expectativas dos pais, aproximação mútua.

Funções/Áreas Responsáveis: Conselho da Escola.

Categorias Influenciadas: Expectativas X Desempenho da Escola.

Desagregação: Apoio e cooperação face à Escola.

Objeto de Aplicação: Uma amostra dentre os pais.

Comparação: Evolução da própria escola.

BIBLIOGRAFIA

BERNEDE, F. e LOPEZ, G. - Proposta para Aprofundamento e Aperfeiçoamento do Sistema Integrado e Avaliação e Controle da Educação, 1974.

FILP, Johanna e outros - Sistemas de Medición de la Calidad de la Educación Basica: Una Proquesta, Santiago-Chile, CIDE.

GOLDBERG, Maria Amélia A.; SOUZA, Clarilza P. (orgs.) - Avaliação de Programas Educacionais: Vicissitudes, Controvérsias, Desafios - São Paulo, E.P.U. 1982.

KLEIN, Ruben e RIBEIRO, Sérgio C. - O Censo Educacional e o Modelo de Fluxo: O Problema da Repetência, Laboratório Nacional de Computação Científica, nº 024/91.

MANN, D. - Policy Decision - Making in Education, New York, NY - Teachers College Press, 1975.

NASCIMENTO, Vitoria D.; MARQUES, Iara Maria de A. - Indicadores na Avaliação Educacional, MEC, Brasília, 1977.

OECD - Indications of Performance of Educational Systems, Paris, 1973.

STUFFLEBEAM, Daniel; KALLEGHAN, Tomas; ALVAREZ, Benjamin - La Evaluación Educativa. Evidencias Científicas y Cuestionamientos Políticos: in: EDUCACION HOY. Perspectivas Latinoamericanas. Ano XII nº 71-72, set-dez/1982, pp 13-154.

VIOLA, Espinola - La Calidad de la Educación desde la Perspectiva Latinoamericana: análisis de información, 1980-1987, Santiago CIDE, REDUC, 1988.

Impresso na Prol editora gráfica ltda.
03043 Rua Martim Burchard, 246
Brás - São Paulo - SP
Fone: (011) 270-4388 (PABX)
com filmes fornecidos pelo Editor.